活页式教材使用注意事项

01 根据需要,从教材中选择需要撕下来单独使用的页面。

小心地沿页面根部的虚线将页面撕下。为了保证沿虚线撕开,可以先沿虚线折叠一下。
注意:一次不要同时撕太多页。 **02**

03 撕下的活页式页面或者笔记记录页,使用后放置到封底活页式口袋夹中,以免丢失。

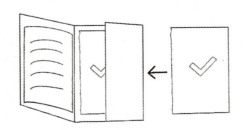

温馨提示: 在第一次取出教材正文页面之前,可以先尝试撕下本页,作为练习。

高等职业教育创新型系列教材

新媒体营销

主　编　方丰霞　李海铭　杨万娟
副主编　黄燕燕　傅婷婷　张玉梅
　　　　　陶尚帅　郑　琴

北京理工大学出版社
BEIJING INSTITUTE OF TECHNOLOGY PRESS

内 容 提 要

本书以提升新媒体电商营销技能为目标，参照新的行业数据，结合企业真实案例，全面、系统地介绍了图文营销、短视频营销、达人营销及社群营销四种营销方式，让读者能够学习到更多新媒体电商营销的方法和技能。本书按照新媒体电商营销工作中的典型职业活动，分为认识新媒体营销、图文作品制作、短视频拍摄、短视频后期制作、认识达人营销与社群营销五个项目。每个项目都围绕认知、策划、设计、运行展开，按照典型职业活动的工作任务流程，通过讲解知识、实操训练、案例分析三种方式对新媒体电商营销进行全方位讲解。

本书实践性极强，可作为职业院校、应用型本科院校电子商务、市场营销、网络营销与直播等专业的学生用书，也可供从事新媒体推广、新媒体运营等相关工作人员使用。

版权专有　侵权必究

图书在版编目（CIP）数据

新媒体营销/ 方丰霞，李海铭，杨万娟主编. --北京：北京理工大学出版社，2023.3
　　ISBN 978-7-5763-1887-6

Ⅰ.①新… Ⅱ.①方…②李…③杨… Ⅲ.①网络营销 Ⅳ.①F713.365.2

中国版本图书馆 CIP 数据核字（2022）第 227464 号

出版发行 / 北京理工大学出版社有限责任公司
社　　址 / 北京市海淀区中关村南大街 5 号
邮　　编 / 100081
电　　话 / （010）68914775（总编室）
　　　　　（010）82562903（教材售后服务热线）
　　　　　（010）68944723（其他图书服务热线）
网　　址 / http：//www.bitpress.com.cn
经　　销 / 全国各地新华书店
印　　刷 / 河北鑫彩博图印刷有限公司
开　　本 / 787 毫米×1092 毫米　1/16
印　　张 / 12.5　　　　　　　　　　　　　　　　责任编辑 / 徐春英
字　　数 / 302 千字　　　　　　　　　　　　　　文案编辑 / 徐春英
版　　次 / 2023 年 3 月第 1 版　2023 年 3 月第 1 次印刷　　责任校对 / 周瑞红
定　　价 / 36.00 元　　　　　　　　　　　　　　责任印制 / 施胜娟

图书出现印装质量问题，请拨打售后服务热线，本社负责调换

前　言

党的二十大报告首次提出"加强教材建设和管理",表明了教材建设国家事权的重要属性,凸显了教材工作在党和国家事业发展全局中的重要地位,体现了以习近平同志为核心的党中央对教材工作的高度重视和对"尺寸课本、国之大者"的殷切期望。

2021年12月3日,教育部办公厅印发《"十四五"职业教育规划教材建设实施方案》(简称"实施方案")的通知。"实施方案"中明确要求"十四五"职业教育规划教材建设要深入贯彻落实习近平总书记关于职业教育工作和教材工作的重要指示批示精神,全面贯彻党的教育方针,落实立德树人的根本任务,强化教材建设国家事权,凸显职业教育类型特色,坚持"统分结合、质量为先、分级规划、动态更新"原则。

"实施方案"中在加快建设新形态教材中提出要适应结构化、模块化专业课程教学和教材出版要求,重点推动相关专业核心课程以真实生产项目、典型工作任务、案例等为载体组织教学单元。结合专业教学改革实际,分批次组织院校和行业企业、教科研机构、出版单位等联合开发不少于1 000种深入浅出、图文并茂、形式多样的活页式、工作手册式等新形态教材。推动教材配套资源和数字教材建设,探索纸质教材的数字化改造,形成更多可听、可视、可练、可互动的数字化教材。建设一批编排方式科学、配套资源丰富、呈现形式灵活、信息技术应用适当的融媒体教材。

我国电子商务的迅速发展,不仅创造了新的消费要求,还催生了移动应用、社交媒体、短视频、网络直播等新业态。近年来,我国对互联网和新媒体工作的规划部署呈现出专项、多次、密集的特点,在政策推动作用下,新媒体理念与价值认同得到重塑,越来越多的企业利用新媒体技术进行变革、发展,基于各种新媒体的营销方式也逐渐成为企业营销的主流方式。

编者全面深入地了解了新媒体电商的现状及典型职业活动、工作任务、岗位要求,以培养新媒体电商营销人才为任务目标,优化了新媒体电商岗位的知识点和技能点,致力于打造一本培养读者新媒体电商理念,锻炼读者技能实操能力,提升读者团队合作意识、创新意识和自主学习能力的图书。希望本书能帮助读者更好地理解和掌握新媒体电商的相关知识。

本书编写特色如下：

1. 采用活页式结构，项目独立完整

本书在形式上采用活页式结构，符合国家对教材改革的要求，是新时代新形态教材的典型代表。

本书项目按照新媒体电商的典型职业活动选择撰写，读者可以系统地学习本书的全部内容，也可以选择某个项目单独学习。本书分为课前、课中、课后三个模块，读者可以自由组合。将"课前自学"和"课前自测"部分组合起来就是本书的知识梳理及自我测试；将"课中实训"部分组合起来就是一本实训指导手册，结合"项目评价"可以进一步检测学生对相关知识的掌握程度；将"课后拓展"和"思政园地"部分组合起来就成为一本案例集。

2. 校企合作，强化应用

本书实训环节由苏州几何体网络科技有限公司和苏州易康萌思电子商务有限公司的真实案例改编而成。真实的案例呈现，可以让读者体验到真实的企业情境，从而使读者更清晰、更系统地进行学习。

3. 校校联合编写，综合优质资源

本书是由湄洲湾职业技术学院、黄冈科技职业学院、湖北国土资源职业学院、荆州职业技术学院、宜春职业技术学院五所院校联合编写的一本新形态一体化教材，综合了五所院校的优质资源和成果，将学科前沿知识的创造和积累活化成专业知识架构，将学科的专业实践教学资源转化为教材资源，构建了本教材的编写模式。

4. 板块新颖，融入思政

本书在板块设计上将"学思用贯通"与"知信行统一"相结合，在课后拓展部分专门设置了"思政园地"模块，思政案例不仅能开阔学生眼界，还能激发学生的家国情怀和责任意识。

5. 配套资源丰富，形式多样

本书讲解过程中穿插微课视频、动画视频等，简单直观，形式多样，读者使用手机扫描二维码即可观看，可以加深对知识的理解。

此外，本书还配备了精美的PPT课件、电子教案、案例素材、课前自测答案等立体化的学习资源。

本书在编写过程中，参考了多位学者的著作，也参考了许多同行的相关教材和案例资料，在此对他们表示衷心的感谢！尽管在编写过程中力求准确、完善，但是难免有不妥之处，欢迎广大读者批评指正。

编　者

目 录

项目一　认识新媒体营销 ……………………………………………………（1）

一、认识新媒体 ………………………………………………………………（3）
二、新媒体的类型 ……………………………………………………………（4）
三、新媒体营销和传统营销 …………………………………………………（14）
四、新媒体营销的十大模式 …………………………………………………（15）
五、新媒体运营 ………………………………………………………………（20）

项目二　图文作品制作 …………………………………………………………（36）

一、认知微信公众平台 ………………………………………………………（38）
二、认识软文 …………………………………………………………………（40）
三、撰写商品软文方法与技巧 ………………………………………………（43）
四、软文配图技巧 ……………………………………………………………（44）
五、商品试用软文配图要点 …………………………………………………（45）
六、微信公众号图文软文写作原则 …………………………………………（46）
七、微信公众号内容编辑 ……………………………………………………（47）
八、认识 H5 ……………………………………………………………………（48）
九、H5 图文设计 ………………………………………………………………（50）
十、制作 H5 的常用软件 ……………………………………………………（60）

项目三　短视频拍摄 ……………………………………………………………（79）

一、认识短视频、优质短视频 ………………………………………………（81）
二、短视频平台及平台规则 …………………………………………………（84）
三、拍摄对标短视频 …………………………………………………………（87）
四、短视频拍摄脚本撰写 ……………………………………………………（88）

五、短视频拍摄设备及场地选取 ……………………………………………（ 92 ）
　　六、短视频分镜头拍摄技巧 …………………………………………………（ 93 ）

项目四　短视频后期制作 ……………………………………………………（ 117 ）
　　一、短视频后期制作 …………………………………………………………（ 119 ）
　　二、短视频后期制作发展现状 ………………………………………………（ 119 ）
　　三、短视频后期制作与传统后期制作的区别 ………………………………（ 121 ）
　　四、短视频后期制作的风格 …………………………………………………（ 122 ）
　　五、剧情类短视频脚本制作 …………………………………………………（ 125 ）
　　六、剧情广告类短视频制作 …………………………………………………（ 130 ）
　　七、广告片后期制作的步骤 …………………………………………………（ 130 ）
　　八、常用的剪辑软件 …………………………………………………………（ 131 ）

项目五　认识达人营销与社群营销 …………………………………………（ 164 ）
　　一、认识达人 …………………………………………………………………（ 166 ）
　　二、认识达人营销 ……………………………………………………………（ 167 ）
　　三、认识社群 …………………………………………………………………（ 171 ）
　　四、认识社群营销 ……………………………………………………………（ 178 ）

参考文献 ………………………………………………………………………（ 192 ）

项目一

认识新媒体营销

项目导入

新媒体时代,"老字号"拥抱"互联网+"已经成为传统企业的潮流趋势。2017年七夕节,京万红软膏采用全新的新媒体思维和营销方式,在叮当快药举办的B2B健康集市活动上,搞起了网红直播、互动游戏和拍照文案等新媒体营销方法,以此来吸引众多年轻人的参与,抓住新媒体营销"内容为王,传播制胜"的核心,搅动了国企、药企等传统企业平静已久的市场。

随着消费方式的重构,线上下单、线下体验的方式已经成为现代企业营销的主流。传统企业面临着品牌如何年轻化、营销如何年轻化等问题,谁先适应环境并转型,谁就能在新媒体战场上率先赢得一局,这既是挑战也是机遇。

本项目将带领大家进入新媒体营销的领域,了解什么是新媒体营销、新媒体营销的分类、新媒体营销的十大模式等相关知识。

教学目标

知识目标

1. 了解新媒体的概念。
2. 了解新媒体营销、新媒体电商、新媒体的类型、新媒体运营及运营思维策略。
3. 掌握新媒体营销与传统营销的区别。
4. 熟悉新媒体营销的十大模式。
5. 掌握新媒体运营的岗位内容、能力要求。

能力目标

1. 能够根据网络搜索的相关资料分辨哪些属于新媒体。
2. 能够根据不同的场景应用恰当的新媒体营销模式。
3. 能够完成一份新媒体电商职业规划。

素质目标

1. 具有敏锐的洞察能力。
2. 具备总结归纳能力。
3. 具备独立思考能力。

思维导图

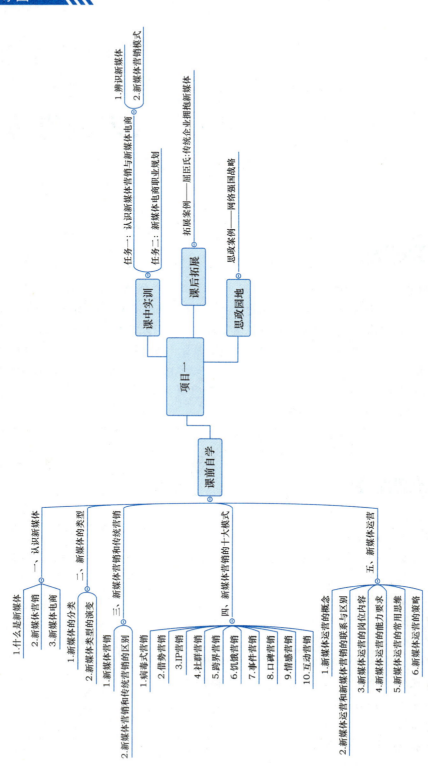

课前自学

一、认识新媒体

1. 什么是新媒体

1967年,美国CBS(哥伦比亚广播公司)技术研究所所长、NTSC电视制式的发明者P. 戈尔德马克(P. Goldmark)发表的一份关于开发电子录像商品的计划中提出了"New Media(新媒体)"这个概念。1969年,美国传播政策总统特别委员会主席E. 罗斯托(E. Rostow)在提交给尼克松总统的报告中也多处使用了"New Media"这个词语。20世纪80年代,伴随计算机技术的发展,新媒体一词被引入中国,并得到普及。20世纪90年代后期,随着我国全面接入Internet,新媒体与Internet开始紧密地联系起来。21世纪,随着手机通信技术的高速发展,功能手机向智能手机迅速转变,移动互联网开始进入新媒体领域。相对于网络媒体,手机客户端这种新的传播形式被称为新媒体,而流行不过十年的新闻网站或门户网站则被重新划分到传统媒体阵营。

新传媒产业联盟认为,新媒体是以数字信息技术为基础,以互动传播为特点,具有创新形态的媒体。

美国《连线》杂志对新媒体的定义:所有人对所有人的传播。

联合国教科文组织对新媒体的定义:以数字技术为基础,以网络为载体进行信息传播的媒介。

清华大学新闻与传播学院教授彭兰对新媒体的定义:新媒体主要是指基于数字技术、网络技术及其他现代信息技术或通信技术,具有互动性、融合性的媒介形态和平台。在现阶段,新媒体主要包括网络媒体、手机媒体及两者融合形成的移动互联网,以及其他具有互动性的数字媒体形式(图1-1)。

新媒体有广义和狭义之分。广义的新媒体可以看作在各种数字技术和网络技术支持下,以互联网、宽带局域网和无线通信网等为渠道,利用计算机、手机和数字电视等各种网络终端,向用户提供信息和娱乐服务的传播形态,具有媒体形态数字化的特点;而狭义的新媒体可以看作继报纸、广播、电台和楼宇广告等传统媒体后,随着媒体的发展与变化而形成的一种媒体形态,如互联网媒体、数字电视、移动电视、手机媒体等(图1-2)。

图1-1 新媒体形态

图1-2 什么是新媒体

"新媒体"是一个相对的概念。对于传统媒体而言，新媒体是指在报纸、广播、电视等传统媒体以后发展起来的各种新型的媒体形态，包括网络媒体、手机媒体、数字电视等。

"新媒体"也是一个时间概念。在不同的时间段，新媒体有着不同的内涵。在互联网普及的初期，新媒体主要以互联网为媒介，以网络新媒体为主流，现如今，随着大数据、云计算、人工智能、虚拟现实/增强现实（VR/AR）、物联网、移动终端等新技术、新手段的不断更新和演变，人们处于"万物皆媒"的新环境阶段。目前，新媒体涵盖了所有数字化的媒体形式，包括所有数字化的传统媒体、网络媒体、移动端媒体等。

"新媒体"还是一个发展的概念。科学技术在不断进步，人们的需求也在不断更新，新媒体不会停留在任何一个现存的平台上。目前，新媒体主要是指利用数字技术、网络技术，通过互联网、宽带局域网、无线通信网、卫星等渠道，以及计算机、手机、数字电视机等终端，向用户提供信息和娱乐服务的传播形态。

综上所述，就现阶段而言，新媒体是指建立在数字技术和互联网基础之上的媒体形式，较以往的媒体具有全新的传授关系性质和全新的技术手段。

2. 新媒体营销

对于很多互联网从业者来说，新媒体营销与新媒体相同，是一个比较模糊的概念。其实，新媒体营销很简单，它是指企业或个人在新媒体思维指导下，充分利用新媒体平台的功能、特性，通过对目标受众的精准定位，针对目标受众的需求，研发个性化产品和服务，采取新媒体营销的方法，开展新媒体营销活动的全过程。通过用户运营的方式将需要的用户集中到自己手中，利用养熟、成交、裂变、拉新等手段，实现一个长期盈利的过程。总体来说，新媒体营销是在特定产品的概念诉求的基础上，对消费者进行心理引导的营销推广方式。

3. 新媒体电商

随着电商行业的不断发展，新媒体电商也从中衍生而出，从字面意思上理解便知，新媒体电商即"新媒体＋电商"，采用新媒体与传统电商相结合的方式对商品进行展示和变现。例如，通过在微博、短视频直播、小红书等这类平台上对商品进行展示，进而实现商品在线销售与变现。新媒体电商与传统的平台电商区别在于，平台电商只是满足有需求的消费者的购买行为；而新媒体电商是通过新媒体的手段在线唤起消费者的消费意愿，并完成购买消费的行为。

新媒体电商存在着两大阵营，一个是由新媒体营销这条路发展而来的，如新媒体短视频直播平台，典型的代表有抖音、快手，它们是从新媒体的方向出发，随着发展加入网络交易的电商部分模块，从而形成的新媒体电商，这类新媒体电商的核心是新媒体，暂称为"新媒体＋电商"行列；另一个是由传统的平台电商发展而来的，在平台电商的基础上附加新媒体的引流部分，实现引流、变现合二为一，暂称为"电商＋新媒体"。

二、新媒体的类型

1. 新媒体的分类

当前的媒体形式可分为五类：报纸、杂志、书籍等纸质平台媒体为第一类媒体；广播为第二类媒体；电视为第三类媒体；互联网为第四类媒体；移动网络为第五类媒体。在五类媒体中，新媒体主要是指互联网和移动网络两类媒体，重点是指两者的增值服务，但这并不是说，第一类媒体到第三类媒体被排除在新媒体之外，它们经过改良与发展衍生出很多具有新媒体特性的新媒体形式。随着互联网的发展，当前的新媒体根据其传播途径、传播媒介、传播形态可以划分为以下三种类别（图1-3）：

(1) 按传播途径进行分类。

①基于互联网的新媒体，包括博客、电子杂志、论坛、群组、网络视频和网络社区等。

②基于数字广播网络的新媒体，包括数字电视和移动电视等。

③基于无线网络的新媒体，包括电视、手机（如手机报、手机视频、手机短信及彩信）等。

④基于融合网络的新媒体，包括基于IP协议的电视广播服务（IPTV）、楼宇电视等。

(2) 按传播媒介进行分类。

①数字新媒体。数字新媒体不是真正发展出来的媒体的新类别，而是指第一类媒体、第二类媒体、第三类媒体应用数字技术以后的新形式。随着信息技术的不断发展，传统的一类媒体——纸质平面媒体、广播、电视已无法再

图1-3　新媒体分类

坚守传统的、固有的传播方式，而是加快了数字化进程，走上与第四类媒体、第五类媒体融合发展的道路，经过融合创新后升级换代为数字新媒体。

②网络新媒体。第四类媒体发展到互联网阶段成为网络新媒体。网络新媒体包括门户网站、搜索引擎、虚拟社区、电子邮件、博客、维克、网络文学、网络动画、网络游戏、网络杂志、网络广播、网络电视、掘客、印客、换客、威客/沃克等。它为人类信息交流创造了全新的模式，使信息瞬间便可传播到全世界。因特网（Internet）在全球的迅速扩展，标志着网络环境的形成，网络环境的形成正式宣告信息社会来临。在以因特网为标志的网络环境下，传统的信息提供与获取方式彻底改变。信息的传递与交流消除了时间与空间的限制，信息在更高的程度上实现全社会的共享。在网络新媒体环境下，信息内容的产出主要来自用户，每个用户都可以生成自己的内容并将这些内容进行传播、交流与共享。用户主导、用户参与、用户分享、用户创造是网络新媒体的重要特点。

③移动新媒体。移动新媒体是指第五类媒体，即移动网络的无线增值服务。它是基于无线通信技术，通过以手机为代表的各种移动视听终端传播和展示即时信息内容的个

> **想一想**
> 移动新媒体的使用设备主要指哪些移动设备？

性化媒体。它首先继承了第四类媒体即网络新媒体所具有的不受时间、空间限制的特点；其次，移动新媒体覆盖人群广，使用手机和无线网络的移动终端用户全部是其受众。2022年8月31日，中国互联网络信息中心（CNNIC）在北京发布的第50次《中国互联网络发展状况统计报告》显示，截至2022年6月，我国网民规模为10.51亿，互联网普及率达74.4%（图1-4）。

网民数量不断攀升使移动新媒体具有传播范围广、传播效果及时、传播方向可定向、传播成本低、影响力大的特点。这些特点促使移动新媒体成为当前社会最普及、最快捷、最方便并可实现强制性信息推送的主流媒体之一，成为流行文化的代表符号，具有广阔的应用前

景。智能手机是移动新媒体的典型代表。

(3) 按传播形态进行分类。

① 微博。微博是指一种基于用户关系信息分享、传播及获取的通过关注机制分享简短实时信息的广播式的社交媒体、网络平台，用户可以通过个人计算机（PC）、手机等多种移动终端接入，以文字、图片、视频等多媒体形式，实现信息的即时分享、传播互动。

② QQ。QQ是腾讯公司于1999年2月推出的一款基于互联网（Internet）的即时通信软件。QQ支持在线聊天、视频通话、共享文件、网络硬盘、自定义面板、邮箱等多种功能，并可与多种通信终端相连，如计算机、手机等（图1-5）。

图1-4　第50次中国互联网络发展状况统计报告封面

③ 微信。微信是腾讯公司于2011年1月21日推出的一款面向智能终端的一款社交工具，由张小龙带领腾讯广州研发中心产品团队打造。微信提供公众平台、朋友圈、消息推送等功能，用户可以通过"摇一摇""搜索号码""附近的人"、扫二维码方式添加好友和关注公众平台，同时，微信将内容分享给好友及将用户看到的精彩内容分享到

图1-5　QQ

微信朋友圈，跨越了运营商、硬件和软件、社交网络等多种壁垒，实现了现实与虚拟世界的无缝连接。微信使个人移动终端的功能得到发挥，将人际传播和大众传播融为一体，成就了一种全新的传播类型。此外，微信还有一项重要的传播手段——微信公众平台，政府、单位、机构、企业、个人等都可以通过注册微信公众号、订阅号或服务号，进行宣传或营销推广。

④ 网络直播。网络直播就是借助互联网的优势，利用相关直播软件将即时的现场环境发布到互联网上，再借由互联网技术将现场画面快速清晰地呈现在用户面前。网络直播是新媒体的一种传播方式，具有时效性强、传播快捷、互动性强的独特优势，也是一种新兴的网络社交方式，因此，网络直播的平台也成为一种新媒体。

目前，网络视频直播已经发展得较为成熟，尤其是可以与用户进行直接信息交流的网络互动直播，其互动性更强，且能够随时随地进行直播，是目前新媒体中发展较为迅猛的传播形式。常见的网络直播平台有百度直播、YY直播、微信视频号直播、淘宝直播、京东直播、快手直播及抖音直播等。

⑤ 短视频。短视频是一种互联网内容传播方式，是以秒计数的视频，依托移动智能终端实现快速拍摄与美化编辑，可在各种新媒体平台上实时分享，一般是指在互联网新媒体上传播的时长在1分钟以内的视频。随着移动终端普及和网络的提速，短视频传播内容逐渐获得

各大平台、粉丝和资本的青睐。短视频既可以代替图文作为信息的传播介质，如新闻时事短视频；也可以单独作为一种娱乐内容，如个人秀或分享生活片段的短视频。短视频包含了丰富的视听信息，但不需要占用用户太多时间，是目前比较便捷的传播形式。常见的短视频平台有抖音（图1-6）、快手和微信视频号。

图1-6　抖音

⑥移动新闻客户端。移动新闻客户端是一种传统报业与移动互联网紧密结合的媒体形式。移动新闻客户端通常定义为依靠移动互联网，以文字、图像、声音等多种符号传播新闻信息为内容，以智能手机、平板计算机等移动终端为接收设备的全媒体数字媒介。

⑦自媒体。自媒体是一种以现代化、电子化的手段，向不特定的大多数人或特定的个人传递规范性及非规范性信息的新媒体总称。自媒体又称"公民媒体"或"个人媒体"。

⑧数字电视。新媒体中的数字电视是指基于网络技术的数字电视系统，包括IPTV、车载移动电视、楼宇电视、户外显示屏系统等。数字电视实现了边走边看、随时随地收看等功能，极大地满足了快节奏社会中人们对于信息的需求。数字电视除具有传统媒体的宣传和欣赏功能外，还可以承担城市应急预警、交通、食品卫生、商品质量等政府安全信息发布的重任。

2. 新媒体类型的演变

（1）网站的演变——从门户网站到微门户。

①最初的新媒体——门户网站。门户网站是指通向某类综合性互联网信息资源并提供有关信息服务的应用系统，它是第一代的新媒体类型，门户网站按照网站内容和定位分类，可分为网址导航式门户网站、综合性门户网站、地方生活门户网站、垂直行业综合性门户网站及公司组织门户网站。比较著名的门户网站有新浪网、网易、搜狐网、腾讯网、百度、新华网、人民网等（图1-7）。

②网站的最新形态——微门户。随着智能手机的普及，移动互联网的时代到来，人们更多地喜欢在移动终端获取信息，因为很多门户为了适应手机阅读，针对性设计了手机门户，由此也出现了微门户的概念。微门户是以现有门户网站为基础，整合各种最新资讯和网站微博的一种移动互联网应用。微门户拥有个性化资源订阅、社区化微博、精确全文云检索、原文查看、文章分享等功能，能够智能聚合原有门户网站的信息资源，支持各种移动平台终端的访问（图1-8）。

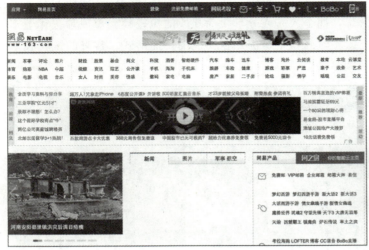

图 1-7　2016 年网易首页　　　　　图 1-8　手机腾讯微门户

③门户网站和微门户在阅读方式上有一些区别，具体见表 1-1。

表 1-1　门户网站和微门户对比

异同 类型	门户网站	微门户
展现终端	计算机、平板计算机	智能手机
展示风格	繁复、令人眩晕	简洁、大气
展示形式	强制弹窗、顶部横幅广告（Banner）、Banner 图文链接、正文关键词超链接广告	顶部 Banner、文章底部广告、软文导流
交互方式	评论、点赞、导购	点赞、导购
传播方式	截屏或复制链接到 QQ 群、微信群	转发分享
适合类型	品牌广告、活动导流	产品导购

（2）邮件的演变——从电子邮件到 EDM。邮件属于传统媒体，基于网络的电子邮件则是新媒体的一种重要信息传播方式，而作为基于电子邮件进行营销的 EDM 营销通常也被划归为新媒体。

EDM 营销（Email Direct Marketing）也称电子邮件营销，是指企业向目标客户发送 EDM 邮件，建立同目标客户的沟通渠道，向其直接传达相关信息，用来促进销售的一种营销手段。EDM 营销需要专业的 EDM 软件，其用途包括发送电子广告、产品信息、销售信息、市场调查、市场推广活动信息等（图 1-9）。

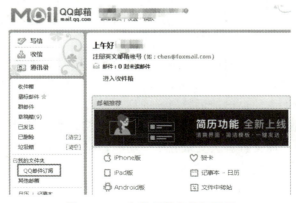

图 1-9　QQ 邮箱里的邮件订阅区

人博客，著名企业的 CEO 可以在博客中利用自己的知名度为企业或品牌进行推广和营销，以提升企业的知名度和品牌价值。

②人人都是自媒体——微博（图 1-14）。微博是微型博客的简称，也是目前最受欢迎、使用最多的博客形式。微博入门简便、互动性强，注重时效性和随意性，更适应移动终端，更能表达出博主的最新动态，逐步取代博客的影响力。

（5）信息搜索的演变——从搜索引擎到问答。搜索引擎是一个对互联网信息资源进行搜索、整理和分类，并将其储存在网络数据库中供用户查询的系统，一般包括信息搜集、信息分类、用户查询 3 个部分。对普通网络用户而言，搜索引擎仅仅是一个查询工具，它提供一个包含搜索框的页面，在搜索框中输入词语，通过浏览器提交给搜索引擎后，搜索引擎就会返回用户输入内容的相关信息列表。常见的搜索引擎包括百度搜索（图 1-15）、360 搜索、搜狗搜索等。

图 1-14 微博

图 1-15 百度搜索

在新媒体环境下，还有一种新的搜索引擎模式——问答。该模式通过让用户在专门的网站中提问，并由专业人士或专家回答该问题，来实现搜索信息并得到数据的结果。这种问答新媒体与搜索引擎的最大不同之处在于搜索到的信息，也就是得到的回答，需要用户付出相应的费用才能获得。比较著名的问答新媒体有"在行"（图 1-16）。

（6）即时通信的演变——从 QQ 到微信。

①较早的即时通信软件——QQ。腾讯 QQ 支持在线聊天、视频通话、点对点断点续传文件、共享文件、网络硬盘、自定义面板和 QQ 邮箱等多种功能，并可与多种通信终端相连，包括计算机、手机和移动设备等。腾讯 QQ 除基本的即时通信功能外，还可以建 QQ 群，其功能类似小型社群；也可以通过 QQ 空间书写日志、写说说、上传用户个人的图片、

图 1-16 在行

听音乐、写心情，通过多种方式展现自己，功能类似博客和微博。除此之外，QQ 还有许多衍生产品，如 QQ 游戏、QQ 音乐、QQ 吧等。

②较流行的即时通信软件——微信。微信是一款社交工具软件，它不仅可通过网络快速发送文字、图片、语音、视频，还支持群聊、分享、扫一扫、查找附近的人等功能，而且它跨越了运营商、硬件和软件、社交网络等多种壁垒，使移动终端成了新的社交节点。所以，通常将

微信定义为一款新型的,依托于移动互联网和个人移动终端技术,具有社交功能、信息分享功能和信息接收功能的新媒体平台。

微信作为新媒体,还有一种非常重要的传播方式——微信公众平台。政府、媒体、企业、名人等都可以建立独立的微信公众平台,通过注册微信公众号在上面进行宣传、营销推广及其他业务活动。

(7)新闻媒体的演变——从手机报到移动新闻客户端。

①最早的新闻新媒体——手机报。传统报业与网络的结合催生出手机报这种新的媒体形式。具体来说,手机报将报纸通过电信运营商将新闻以彩信的方式发送到手机终端上,用户可以离线观看,也可以通过访问手机报的 WAP 网站在线浏览信息,类似上网浏览的方式,是传统报业开发新媒体的一种特殊方式,主要通过对彩信定制用户收取包月订阅费,以及对 WAP 网站浏览用户采取按时间计费的手段及获取广告实现盈利,如新闻早晚报(图1-17)。

②日常生活信息获取渠道——移动新闻客户端。移动新闻客户端依靠移动互联网资源,以文字、图片、影像、声音等多种语言符号传播的新闻信息为内容,以智能手机、平板计算机等移动终端作为接收设备的全媒体、数字媒介。新闻客户端可以利用碎片化时间阅读,排版适应手机载体,安装方便,订阅简单,强化个性化推送,依据用户阅读习惯,智能推送用户喜欢阅读的文章并自动弹出消息提示,受众可随时随地阅读相应信息,如网易新闻客户端(图1-18)。

图1-17 新闻早晚报

图1-18 网易新闻客户端

手机报出现太早,更多的是传统媒体复制推送自己网站的内容,而不是围绕移动阅读打造产品。WAP 网站阅读体验不佳,用户没有形成手机阅读的习惯。新闻客户端突出头条新闻,引入独家原创内容,围绕精准定位推送文章,抓住目标人群。手机报和新闻客户端的异同见表1-2。

表 1-2　手机报和新闻客户端的异同

异同＼类型	手机报	新闻客户端
展现渠道	短信、彩信	新闻 App
展示形式	单一图片或文字	焦点图、横幅广告（Banner）、信息流、图文、视频、直播
交互形式	单向推送	评价、点赞、分享、智能推送个性内容
传播方式	转发短信	转发微博或微信朋友圈
营销模式	广告信息植入	品牌广告位、活动导流、产品导购、软文植入、公关文章

（8）视频媒体的演变——从数字电视到网络直播。

①新媒体的常青树——数字电视。数字电视区别于传统的模拟电视，是采用数字信号传输信息的电视形式。新媒体中的数字电视是指基于网络技术的数字电视系统。

②视频媒体的最流行状态——网络直播。广义的网络直播包括电视节目的网络直播和网络视频直播两种类型。网络视频直播又可分为网络现场直播和网络互动直播两种类型。

（9）目前较流行的新媒体——短视频。短视频是一种视频长度以秒计数，主要依托于移动智能终端实现快速拍摄与美化编辑，可在社交媒体平台上实时分享和无缝对接的一种新型视频形式。目前，短视频社区类应用程序越来越多，各大社交平台也通过内置短视频功能来吸引用户。从国外 Instagram、Vine、Snapchat 的风靡，到国内微视、秒拍、美拍、火山、快手、抖音的崛起，短视频逐渐在视频领域占据一席之地（图 1-19、图 1-20）。

图 1-19　平台直播

图 1-20　快手

（10）媒体对象的演变——自媒体和社群媒体。

①体现个人价值——自媒体。2001 年，美国科技作家和专栏作者丹·吉摩尔第一次提出"自媒体"（We Media）这一概念，他认为"以博客为趋势的个人媒体或者称为自媒体"。

而谢因·波曼与克里斯·威理斯的定义更加明晰，他们认为自媒体是一个普通市民经过数字科技与全球知识体系相连，提供并分享他们真实看法、自身新闻的途径。简单地说，就是个人用来发布自己亲眼所见、亲耳所闻事件相关信息的载体。目前，国内主流的自媒体写作平台有简书（图1-21）、今日头条、豆瓣和知乎等。

图1-21　简书

②众人拾柴火焰高——社群媒体。社群媒体即社群化媒体，是针对社群生产内容和由社群产生内容的媒体组织，它的内容既面向社群，又来自社群。要了解社群媒体，首先应该了解什么是社群。社群通常被认为是一群基于共同的使命或愿景（内容、兴趣、目标等）的人集合在一起所形成的组织，通过共同的仪式来强化群成员之间的认同感。

传统媒体的信息交换方式是"1对1"或"1对多"，而如今是"多对多"信息交换时代，相应地产生了互联网媒体，这就是新媒体。社群中实行的是典型的"多对多"信息交换。因此，伴随着社群的产生而产生的社群媒体，是新媒体的一种类型。

三、新媒体营销和传统营销

1. 新媒体营销的概念

新媒体营销应用已经深入各行各业，企业已经将其当作未来制胜的利器。新媒体营销是企业或个人利用新媒体平台的功能、特性，精心策划具有高度传播性的内容和线上活动，通过向客户广泛、精准地推送消息，以提高品牌知名度和客户参与度，从而达到相应的营销目的。简单来说，新媒体营销是利用新媒体平台开展的营销活动。从本质上来说，新媒体营销是企业软性渗透的商业策略在新媒体形式上的实现，借助媒体表达与舆论传播使消费者认同某种概念、观点和分析思路，从而达到企业品牌宣传、产品销售等目的。

2. 新媒体营销和传统营销的区别

通俗来说，传统营销泛指广播、电视、杂志、报纸、户外广告牌、大屏幕等平面媒体、电台广播等广告传播方式，而新媒体营销是指微信、微博、直播、短视频、论坛、搜索引擎等传播方式。其区别在于新媒体营销成本要低于传统营销，同时传播方式灵活，更加注重传播的精准度，传播的方式多样化。新媒体营销更注重"微"的细节，例如，市场细分更"微"，精准客户更"微"，传播渠道更"微"。在讲求市场需求为主导的经济时代，只有满足客户更多的需求，才能赢得现在。

（1）受众参与度不同。新媒体营销具有交互性、双向性的特点，营销方式更多样化。在新媒体平台,受众可以任意评论、点赞、互动、转发,让用户有深深的参与感,在参与的过程中对品牌有更多的了解,进而促进消费。例如,在微博上,受众可以进行评论、转发,并且让其他人看到自己的评论和转发内容,但是报纸上登载的广告无法与读者互动。这有利于企业参考用户对产品的评价,企业能更方便地得到用户的反馈。传统营销则是比较单一的传播方式。但与此同时,传统媒体的营销也相对更强势、更具可信度。

(2) 新媒体的大数据优势。市场调查对一个企业推出及宣传产品非常重要。新媒体营销能通过互联网掌握用户的注册信息、身份验证、消费趋势、兴趣爱好等,从而勾勒出消费者画像,进而帮助企业做更精准的营销安排和产品设计更新计划。显然,对用户信息的收集是传统媒体望尘莫及的。可见,新媒体营销优势更大,也是如今企业品牌进行营销的首选,但并不因此就否定了传统媒体的优势。如果产品针对中老年人,那么显然传统营销影响力会超过新媒体。因此,在进行营销时,不能片面化,营销人员应该整合新媒体和传统媒体资源,达到合理分配,确保最好的营销效果(图1-22)。

图 1-22　新媒体的玩法

四、新媒体营销的十大模式

1. 病毒式营销

> **博学多闻**
>
> **多芬——我眼中的你最美**
>
> 多芬推出其宣传短片《我眼中的你最美》,获得了很大的成功。推出一个月后,浏览量超过1.14亿。在短片中,Gil Zamora在不看女性的情况下根据女性对自己相貌的描述画一张素描画像,然后把画像与真人进行对比,发现素描纸的画像要比女性眼里的自己美,这部短片打动了很多用户,在第一个月就获得了380万次转发。

病毒式营销是通过利用公众的积极性和人际网络,让营销信息像病毒一样传播和扩散,营销信息被快速复制并传向数以万计、数以百万计的受众。

病毒式营销与口碑营销的区别在于,病毒式营销是由公众自发形成的传播,其传播费用远远低于口碑营销;传播方式主要依托于网络,传播速度远比口碑传播快。

病毒式营销成功的基础:独创性、利益点、传播关键点、跟踪管理。

2. 借势营销

> **博学多闻**
>
> **中国邮政借势鹿晗邮筒**
>
> 鹿晗的一条微博引发了粉丝对配图中邮筒的高度关注，长达200米的排队及猛增的网络讨论量，使外滩邮筒成为鹿晗粉丝及网友关注的热点，而这一热点显然与中国邮政相关，中国邮政借助这一热点，通过策划外滩网红邮箱明信片及随手拍邮筒活动，把中国传统书信文化与娱乐结合在一起进行有效传递。自鹿晗发布微博，引得大众及国内外媒体报道之后，中国邮政迅速反应，在短短的两周里迅速上线外滩网红邮筒君账号，发布限量明信片，为邮筒安装鹿角，以及发起随手拍邮筒活动，在"五一"假期来临之前再次引爆网络关注，并成功地把外滩邮筒打造成为游客"五一"出游的新去处。当外滩邮筒成为大众关注的焦点后，中国邮政特意为该邮筒开设账号，拟人化的运营与网友打成一片，深受网友喜欢。限量版的外滩邮筒明信片线上销售火爆，线下大众排队购买。随手拍邮筒及照片贴纸再次把事件及邮筒推上网络舆论头条，并成功地传递了中国的传统书信文化。

借势营销是借助消费者喜闻乐见的环境，将包含营销目的的活动隐藏在其中，使消费者在这个环境中了解产品并接受产品的营销手段。其具体表现为借助大众关注的社会热点、娱乐新闻、媒体事件等，潜移默化地把营销信息植入其中，以达到影响消费者的目的。借势营销是一种比较常见的新媒体营销模式。

借势营销成功的基础：合适的热点、反应速度、创意策划。

3. IP营销

> **博学多闻**
>
> **小茗同学**
>
> 把IP形象拟人化、具象化是品牌IP营销输出人格化内容的有力方式，小茗同学具象化的IP形象，通过其动作和表情进行内容输出，其内容天然具备人格化。小茗同学形象的原创及展现出的性格特征，使其具有较高的辨识度，小茗同学的营销活动也因其IP形象而变得更加有趣，更能拉近小茗同学与消费者之间的关系。小茗同学通过持续不断的线上线下互动，与用户进行接触，有利于消费者加深对小茗同学形象的记忆，形式多样的内容也让小茗同学的IP形象更加立体，更受消费者欢迎。

IP营销中的"IP"原意为知识产权，近年来随着IP内容的丰富及可观的商业价值，IP的含义已超越知识产权的范畴，正在成为一个现象级的营销概念。IP营销的本质是让品牌与消费者之间架起沟通的桥梁，通过IP营销把IP注入品牌或产品，赋予产品温度和人情味，通过这一沟通桥梁大大降低了人与品牌之间和人与人之间的沟通门槛。

IP营销成功的基础：人格化的内容、原则性、持续性。

4. 社群营销

> **博学多闻**
>
> **凯叔讲故事**
>
> "凯叔讲故事"公众号粉丝及社群成员大多数为家里有孩子的父母，其共同的目标就是给孩子优质的教育，同时学好学习内容等，这一共性加强了粉丝之间的关系，通过"凯叔讲故事"形成母婴类社群。社群规模的扩大及影响力的扩散离不开"凯叔讲故事"的结构产品设计，以免费内容吸引更多潜在消费者，以付费内容为消费者持续提供优质的内容。"凯叔讲故事"通过线上讲故事与父母孩子沟通互动，创办漫画大赛等活动，旨在保持大家对于社群的活跃度，共同输出成长成果，有利于增强社群成员之间的共识，加强凝聚力。通过长时间持续地运营，"凯叔讲故事"已推出了手机App，在内容产品上除针对孩子的音频故事外，还开发出针对父母的各种课程。在商业化方面，通过与企业合作实现社群商业化的探索；持续优质内容的更新，使"凯叔讲故事"以一个健康的模式前进。标准化是复制的基础，标准化后的社群模式及内容产品，一方面有利于避免社群成员庞大后重复走过往的错误；另一方面标准化的内容产品要求有利于快速丰富平台内容，并有利于保持内容产品的质量。

社群营销是把一群具有共同爱好的人汇聚在一起，通过感情及社交平台联结在一起，有效的管理使社群成员保持较高的活跃度，为达成某个目标而设定任务，通过长时间的社群运营，提升社群成员的集体荣誉感和归属感，以加深品牌在社群中的印象，提升品牌的凝聚力。

社群营销成功的基础：同好、结构、输出、运营、复制。

5. 跨界营销

> **博学多闻**
>
> **五菱与螺蛳粉：人民需要什么就生产什么**
>
> 疫情期间，五菱汽车响应国家号召，联合供应商改建生产线生产口罩，还喊出了"国家需要什么，我们就造什么"的霸气口号。紧接着，五菱汽车积极参与地摊经济，第一时间推出了地摊车。
>
> 最成功的操作还是最近的跨界，直接卖起螺蛳粉。限量88份的五菱螺蛳粉外观美观大气，还配备了精美的餐具套装，准备打造螺蛳粉中的奢侈品，再配上slogan"品味生活，更懂雅致非凡"，非常吸睛。螺蛳粉是广西柳州的特色美食，五菱汽车总部也坐落于此，这次的跨界，五菱汽车正是为了吸引更多年轻消费者的关注。

跨界营销是指根据不同行业、不同产品、不同偏好的消费者之间所拥有的共性和联系，把一些原本毫不相干的元素进行融合、互相渗透，进行彼此品牌影响力的互相覆盖，并赢得目标消费者的好感。

跨界营销成功的基础：跨界伙伴、契合点、系统化推广。

6. 饥饿营销

> **博学多闻**
>
> **皇茶转型做喜茶**
>
> 皇茶创始人明白消费者心理需求，将其产品到品牌形象进行转变，极大地迎合白领群体对于高品质饮品的需求。转型后出现长时间排队、代购的现象，又实施了量力而行的限购政策。当推出的政策带来负面影响后，又在微博宣传造势，多次在微博与购买喜茶的名人互动，打造了更有影响力的品牌形象。针对媒体对喜茶进行负面信息评论时，又在微博继续发布一些排队购买的现象，展现出火爆的场景。

饥饿营销是指商品提供者有意调低产量，以期望达到调控供求关系、制造供不应求的"假象"、维持商品较高的利润率和品牌价值的目的。它之所以能够成功，是因为有四大优势，即心理共鸣、量力而行、宣传造势、审时度势。

7. 事件营销

> **博学多闻**
>
> **海尔"520"事件**
>
> "520"本身与海尔没有直接的关系，但是海尔组织"520"表白服务并在微博上发文，制造了一场浪漫的活动来传播自己，"520"与海尔通过这个事件产生了直接的关系。微博抽奖是用户需求的一种活动形式，通过"520"事件满足了消费者的心理需求。微博本身就是一个大流量池，其利用"520"话题事件引起用户的关注，并且爆炸性传播，转发量达到26万次。虽然微博抽奖是一件常见的事情，但是"520"这个话题给粉丝带来一种幸福感，体验了一种生活的趣味。

事件营销是指企业通过策划、组织和利用具有名人效应、新闻价值及社会影响的人物或事件，引起媒体、社会团体和消费者的兴趣与关注，以求提高企业或产品的知名度、美誉度，树立良好的品牌形象，并最终促成销售目的的手段和方式。

事件营销成功的基础：相关性、心理需求、大流量、趣味性。

8. 口碑营销

> **博学多闻**
>
> **网易云音乐地铁刷屏**
>
> 在众多乐评中精选出点赞超5 000的优质乐评，是对乐评人的认可、鼓励和荣誉。网易云鼓动着核心的人群，当然，这些人也是使用网易云音乐最用心的一个群体。"音乐的力量"乐评文案简短精悍，但是它又包含着令人心动的故事，体现出了简

单又有价值的内容。网易云音乐还把听众与歌曲之间的故事进行包装宣传，意味着品牌对于这些故事的认可，在一定程度上也代表着品牌的文化，这些心动或心痛的故事都离不开网易云音乐带来的氛围感。网易云音乐的乐评非常注重细节，因为只有最有故事感的，才能在地铁吸引匆忙的乘客的眼球。当然，关注消费者才是一个品牌注重的营销方式，在口碑营销中也少不了，因为这样才能更好地进行口碑营销。

口碑营销是指企业在调查市场需求的情况下，为消费者提供他们所需要的产品和服务，同时制订一定的口碑推广计划，让消费者自动传播公司的产品和服务的良好评价，让人们通过口碑了解产品，树立品牌，最终达到企业销售产品和提供服务的目的。

口碑营销成功的基础：有趣、开心、道德、简单。

9. 情感营销

博学多闻

饿了么联手网易新闻开丧茶店

丧茶是结合情感与产品命名的，从中就可以看出产品的特点。茶原本是人们生活中经常饮用的饮品，赋予茶以情感，直接让消费者产生一种情感而产生购买行为。丧茶店在店铺、杯子、菜单设计上非常符合这个主题，这也加强了丧茶情感，表达了更加生动的情感。丧茶在情感宣传上采用了一种反转的形式，通过一些丧气的语录，也是覆盖了一些鸡汤文案的体现，这样又可以寄托另一种情感宣传，给广大网民带来一种幽默的调侃。丧茶的标价与外面的饮品店没有太大的差距，但在情感打造上体现了它的价值。丧茶店的情感氛围营造得十分好，匆忙的上班族过着平淡无奇的生活，这是一个情感寄托的地方，正好可以让上班族来烘托丧气的气氛。

情感营销是指从消费者的情感需要出发，唤起和激起消费者的情感需求，诱导消费者心灵上的共鸣，寓情感于营销之中，让有情的营销赢得无情的竞争。在情感消费时代，消费者购买商品所看重的已不是商品数量的多少、质量的好坏及价格的高低，而是为了一种感情上的满足，一种心理上的认同。

情感营销成功的基础：沟通、心态、内容、环境、素质、维护。

10. 互动营销

博学多闻

为皇堡绕路——汉堡王

汉堡王在美国市场发起了"The Whopper Detour（为皇堡绕路）"的营销宣传。汉堡王发现在美国有14 000家麦当劳店，而汉堡王只有7 200家。所以，这个计划是当

> 消费者进入麦当劳店附近的600英尺[①]范围内，下载汉堡王的新应用程序，就能买到1美分的皇堡。
>
> 这个活动打击了麦当劳，也很好地激起消费者互动的欲望。消费者都有颗好奇的心。平时皇堡的性价比还是很高的，这次在麦当劳附近就能解锁到一个1美分的皇堡，让消费者有种捡到便宜的感觉，还可以帮助汉堡王一起恶搞麦当劳，拉近了消费与汉堡王的距离。

互动营销是指企业在营销过程中充分利用消费者的意见和建议，用于产品或服务的规划和设计，为企业的市场运作服务。通过互动营销，在消费者与企业的互动中，让消费者参与产品及品牌活动，拉近消费者与企业之间的联系，让消费者不知不觉中接受来自企业的营销宣传。

互动营销成功的基础：消费者属性、互动内容和渠道、反馈机制。

五、新媒体运营

1. 新媒体运营的概念

新媒体运营是利用现代化移动互联网，通过抖音、快手、微信、微博、贴吧等新兴媒体平台进行产品宣传、推广、营销的一系列运营手段。其通过策划与品牌相关的、具有高度的、传播性的内容和线上活动，向客户广泛或精准地推送信息，提高客户参与度与自身知名度，从而充分利用粉丝经济，达到相应的营销目的。

2. 新媒体运营和新媒体营销的联系与区别

对于新媒体运营和新媒体营销而言，两者都是连接产品和用户的媒介，这种连接是双向的：一方面，两者都需要充分挖掘产品的特色，并将产品的优势呈现在互联网上，使用户在线上接触产品；另一方面，两者都需要收集用户反馈，并在后期持续改善用户体验。从两者的日常工作来看，新媒体营销偏向外部，需要定期进行用户分析、用户跟进和产品策划等；新媒体运营偏向内部，日常工作包括账号管理、选题规划、内容推送等。新媒体营销的效果是可以直接通过营销结果来判断的，而新媒体运营的效果需要综合考虑各种数据。

3. 新媒体运营的岗位内容

> **想一想**
> 新媒体运营和新媒体营销相同吗？

据不完全统计，目前国内有超过240万人从事新媒体运营工作，这是一个非常庞大的"族群"。新媒体运营的工作很复杂、很琐碎，但有一点可以肯定，它绝对不是简单的"码字"或"复制＋粘贴"。以微信公众号运营为例，新媒体运营人员的日常工作流程如图1-23所示（其他新媒体平台运营的工作流程与此大致类似，但由于操作对象不同，会在具体细节上有一定差异）。

---

① 1英尺＝30.48厘米。

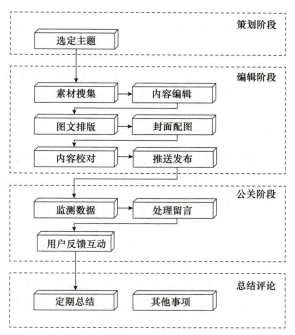

图 1-23　新媒体运营人员日常工作流程

4. 新媒体运营的能力要求

拆解和提炼超过 100 家企业的需求并按照出现频次排序后，可以得到企业对新媒体运营岗位的能力需求清单，如图 1-24 所示。分析数据后不难发现，现阶段在新媒体运营岗位的各项能力需求中，超过 50% 的企业都需要的能力有 7 大类，包括文字表达能力、项目管理能力、人际沟通能力、用户洞察能力、热点跟进能力、渠道整合能力和数据分析能力。

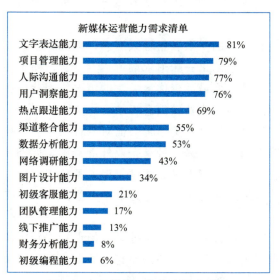

图 1-24　新媒体运营能力需求清单

（1）文字表达能力。虽然新媒体团队可能会设置"编辑""文案"等专业的文字撰写岗位，但新媒体运营岗位也需要具备一定的文字表达能力。

一方面，在撰写方案并与团队沟通时，新媒体运营人员需要能用文字将思路表达清楚；另一方面，面向用户的"活动规则""流程说明"等简单文字，一般也会由新媒体运营人员直接撰写。一旦新媒体运营人员的文字表达能力有限，很有可能会出现争议。

例如，在撰写微博活动说明文字时，"转发微博 3 天"可以被理解为两层意思：第一，转发一条微博并保持 3 天；第二，在 3 天内每天将这条微博转发一次。不同的理解会给参与者造成不同的引导，如果因此而出现活动争议，将会为企业的信誉和口碑造成不良影响。

（2）项目管理能力。项目管理能力是一项通用能力，它在传统运营活动中是一项重要的基本技能。虽然新媒体活动的方式灵活多样，工具和渠道变化迅速，但项目管理要求与传统活动差异不大。因此，新媒体运营人员既要具备基本的项目管理能力，还要及时了解最新的市场动态，使用恰当的新媒体工具完成活动策划与执行。

（3）人际沟通能力。新媒体运营不是一项独立的工作，它连接着不同的内部（策划或美工）和外部（客户或消费者）关系，必须进行多方沟通。

一方面，新媒体运营人员需要进行内部沟通，将文案需求、设计需求、产品功能需求等准确传达至相关部门或小组；另一方面，运营者也需要与客户进行沟通，随时了解客户需求并做好沟通反馈。

（4）用户洞察能力。新媒体营销是一个日积月累的长期工作，企业想要取得较好的营销效果，必须依靠日常的稳定运营。但企业新媒体活动的跨越式提升通常来自阶段性的爆发式运营，如推出一篇"10 万＋"的爆文、一次"刷屏级"的 H5 互动内容等。

从表面上看，爆发式运营是由于巧妙的创意或独特的思路"偶然得之"，但究其深层次的原因，爆文的诞生必须基于长期对用户需求的敏锐洞察。爆文之所以广受关注和追捧，主要在于引发了用户发自内心的共鸣，文章本身所传递的情感内核获得了用户的认可；而 H5 活动之所以能刷屏网络，大概率是因为满足了参与者的炫耀、跟风、猎奇等心理，从而促成用户疯狂转发。

（5）热点跟进能力。新媒体的受众以年轻人居多，因此，新媒体运营人员必须及时关注潮流热点，并适时跟进。但是，如果一味追求潮流热点本身，而不注重其与企业的关联，很有可能会出现"网友交口称赞，但最后与你无关"的情况。因此，在跟进热点时，新媒体运营人员必须巧妙地将潮流热点与企业营销信息相结合。

（6）渠道整合能力。新媒体运营人员通常会面对两种渠道：一种是企业内部渠道，包括线下门店、线下广告、线上账号等；另一种是企业外部资源，如外部合作公司、线上相关行业网站、微信公众号等。新媒体运营人员必须懂得渠道整合，借助更多资源的力量推进新媒体工作，才有可能将运营效果最大化。特别是运营中多尝试与外部渠道跨界创意合作，会使网友眼前一亮。

（7）数据分析能力。除一部分互联网巨头外，专门设置"新媒体数据分析师"岗位的企业并不多见。因此，新媒体运营人员通常还需要充当数据分析师的角色，懂得基本的数据分析知识，会使用 Excel 或更专业的数据分析工具，进行数据预设、过程监控、数据总结等处理。

同时，处于管理岗位的新媒体运营经理或总监等，除要对运营数据本身进行分析外，还需要对团队业绩、员工绩效等进行分析与考核。

5. 新媒体运营的常用思维

（1）互联网思维。随着移动互联网技术、移动通信技术的发展，移动线上运营信息传递的快捷性、便利性和准确性超越了以往的任何媒体，并实现了精确的分众化传播，使信息准确到达每个目标用户，让每个用户都可以成为信息的传递者，移动终端逐渐变成企业和商家连接用户的首要途径。

（2）用户思维。用户思维是互联网思维中最核心的思维，用户需求永远是营销工作的导向，企业在开发、研制、营销任何一款产品或服务时，都应该以用户为核心。挖掘用户需求的方法有很多，较为常用的是用户分析。找到用户群体的共同特征，通过对用户心理、用户特征、用户信息等的搜集与分析，找出用户未被满足的需求、亟须解决的问题等。

（3）品质思维。在任何营销环境中，品质永远是产品的主要价值，特别是互联网经济下，把产品、服务和用户体验做到极致，超出用户预期，企业才能保持恒定的竞争力。

（4）品牌思维。品牌是企业的无形资产，也是产品的附加价值，很多企业之间的竞争实际上就是品牌的竞争，品牌知名度、美誉度是企业保持长期竞争力的内在动力，甚至现如今很多营销渠道的选择、营销价格和促销模式的选择，都建立在品牌影响力的基础上。

（5）内容思维。内容思维是一种通过创作并传播品牌相关、产品相关的内容，吸引目标用户并达成预期指标与预期行为的营销思维方式。对于流量红利日渐枯竭的当下来说，内容思维是市场人、运营人甚至是产品人都需要了解并熟知的一项营销思维。

6. 新媒体运营的策略

（1）内容运营策略。内容运营是新媒体运营的纽带，连接企业的产品和用户，是指运营者利用新媒体渠道，用文字、图片或视频等形式将企业信息友好地呈现在用户面前，并激发用户参与、分享、传播的完整运营过程。内容运营有助于提升产品知名度。产品本身不会说话，需要一些内容来进行表达。用户在使用产品之前，只能通过企业官网或微信公众号等渠道浏览产品介绍、品牌新闻、用户反馈等内容进而了解产品。因此，优质的内容、精准的内容推送、多平台的内容宣传，可以让更多用户接触产品信息，从而提升产品知名度。企业新媒体运营最终是为了转化，让用户愿意付费。如果把内容运营看作一场球赛，那么在射门之前必须有"传球""盘带"等过程。高转化率的文章或高参与度的活动只是转化工作的"临门一脚"，在此之前需要进行更多铺垫。因此，高转化的新媒体内容并不只是写一篇好文章或做一场好活动就能完成的，而是需要建立在长期扎实的日常内容运营工作之上的。

（2）用户运营策略。用户运营是新媒体运营的核心。在日常活动中，研发产品、策划活动等都需要围绕用户展开，在用户需求的基础上制定贴近用户、团结用户、引导用户的运营策略与运营目标。用户运营指的就是以用户为中心，围绕用户的需求而设置的运营活动与规则，也就是通过运营手段提高用户的活跃度与忠诚度，把用户留下来，从而尽可能地达到预期设置的运营目标与任务，也就是让用户为产品创造价值，为公司创造收益。用户运营是一个很烦琐的过程，用户运营工作主要围绕拉新、促活、留存、转化四个方面具体展开。运营者要有足够的耐心和细心整理用户资料及信息，产品的核心应该是解决用户的问题，了解用户需求是用户运营最重要的一点，知道用户要什么，然后更好地为用户服务。

（3）活动运营策略。活动运营是指围绕企业目标而系统地开展一项或一系列活动，其中完整地包括阶段计划、目标分析、玩法设计、物料制作、活动预热、活动发布、过程执行、活动结束、后期发酵及效果评估等全部过程。在新媒体运营工作中，之所以要重视活动运营，是因为活动运营具有"快速提升运营效果"的作用。微博发布、微信公众号发文、产品数据分析等日常工作，可以使企业新媒体稳定运行；而阶段性开展新媒体活动，可以使运营效果在某个时期内快速提升。通常活动运营不会单独出现，而是结合用户、产品及内容三个模块组合出现。

（4）产品运营策略。在新媒体运营中，产品是根基。产品运营是企业新媒体运营的价值体现。运营者不能只关注活动人气、内容阅读量等数据，而是必须想方设法吸引用户为产品买单，帮助企业实现其营销目的。俗话说"巧妇难为无米之炊"，有了产品后，才能围绕产品开展内容、用户、活动三个模块的运营工作。互联网企业的"产品"不仅包括基础的官方网站、官方微信公众号，还包括手机软件、计算机客户端、游戏等，如腾讯旗下的QQ、阿里巴巴旗下的淘宝、百度旗下的手机百度、美团旗下的美团外卖等。

课前自测

一、单选题

1. 新媒体的本质在于（　　　）。
   A. 新媒体应用了最新的技术
   B. 媒体提供最新的内容
   C. 每个人既是内容的生产者，也是传播者
   D. 新媒体使用最新的设备

2. 不属于新媒体运营日常工作流程的是（　　　）。
   A. 选定主题　　　　　　　　B. 素材搜索
   C. 监测数据　　　　　　　　D. 现场采访

3. 企业对新媒体运营人员的能力要求中，最普遍的是（　　　）。
   A. 文字表达能力　　　　　　B. 项目管理能力
   C. 用户洞察能力　　　　　　D. 热点跟进能力

4. 传统媒体是一种（　　　）传播。
   A. 单向　　　B. 双向　　　C. 货币　　　D. 服务

5. 下面选项不属于社区营销特点的是（　　　）。
   A. 弱化中心　　　　　　　　B. 情感优势
   C. 多向互动　　　　　　　　D. 领导人控制

6. 问答平台营销是企业常用的一种新型的（　　　）推广方式。
   A. 互动营销　　　　　　　　B. 专家论坛
   C. 写作软件　　　　　　　　D. 搜索引擎

7. 新媒体是指报纸、杂志、广播、电视之外的媒体，这个概念是一个（　　　）的概念。
   A. 时间　　　B. 相对　　　C. 变化　　　D. 发展

二、多选题

1. 与传统媒体相比，新媒体不仅具有信息载体功能，还具有（　　　）功能。
   A. 信息识别　　　　　　　　B. 信息处理
   C. 信息制作　　　　　　　　D. 信息需求

2. 从发展演进时间顺序来看，新媒体大致可分为（　　）。
   A. 数字新媒体　　　　　　　　B. 网络新媒体
   C. 移动新媒体　　　　　　　　D. 第一媒体
3. 以下选项中，属于企业开展微博营销带来的优势有（　　）。
   A. 成本低　　　B. 传播快　　　C. 群体广　　　D. 多样化
4. 网络视频营销的3个趋势，即（　　）。
   A. 品牌视频化　　　　　　　　B. 视频网络化
   C. 广告内容化　　　　　　　　D. 手段超前化

三、判断题

1. 新媒体营销就是传统营销"上网"。（　　）
2. 新媒体用户画像就是描述用户购买行为。（　　）
3. 微博和微信平台属性相差不大。（　　）
4. 网络视频创意可以利用事件，不需要考虑事件性质，只要是热点就行。（　　）

四、简答题

1. 就营销领域来说，新媒体与传统媒体有何区别？
2. 现如今越来越多的企业开始招聘"新媒体运营专员"。上网查一查该岗位企业招聘的要求，简要说明其岗位职责和岗位能力的要求。

参考答案

课中实训

任务一 认识新媒体营销与新媒体电商

【任务描述】

小陶是电子商务专业毕业的一名大学生,是 A 新媒体技术有限公司的一名新进员工。作为一名职场新人,刚刚进入 A 新媒体技术有限公司,公司人力资源部对他们这批新员工进行了新媒体技术工作相关的培训。

在培训中,小陶对自己即将开展的工作十分憧憬,并且干劲十足,但是,因为她对于新工作还不熟悉,存在着一些担忧,所以我们来帮助她学会辨识新媒体,并能根据不同场景选择合适的新媒体营销模式,让她尽快熟悉新媒体电商行业。

【任务目标】

1. 能够借助平台搜集信息并辨识哪些属于新媒体。
2. 能够根据不同的场景应用恰当的新媒体营销模式。

【任务需求】

1. 计算机。
2. 百度网站平台 https://www.baidu.com/。
3. 良好的网络环境。

【任务实施】

1. 辨识新媒体

先通过百度搜索来帮小陶辨识哪些属于新媒体。

步骤1:打开百度网站,在搜索框输入"综合论坛",然后单击"百度一下"按钮,如图1-25、图1-26所示。

图 1-25 打开百度网站

图 1-26 搜索"综合论坛"

步骤 2：根据搜索结果，单击"综合论坛百度百科"查看综合论坛相关资料，如图 1-27、图 1-28 所示。

图 1-27 搜索结果

图 1-28 综合论坛介绍资料

中国青年报、抖音等资料的搜索方法同上。

步骤3：对搜索到的资料进行分析，然后完成表1-3的填写，辨识它们哪些属于新媒体。

表1-3 辨识新媒体表

名称	是/否	名称	是/否
综合论坛		今日头条App	
中国青年报		门户网站	
抖音		知乎	
微信公众号		微博	

2. 新媒体营销模式

小陶培训结束后，被分配到了A新媒体技术有限公司运营部，刚到小组的她，非常兴奋，运营部组长给她分配了公司接下来的任务。

公司运营部需要帮助某知名公司在新媒体平台上推出他们的新产品"熊猫杯"。由于冬奥会吉祥物冰墩墩火爆全网，成为冬奥会"顶流"，某知名公司借势萌宠经济开发新产品推出"熊猫杯"。

请运用恰当的两种营销模式完成表1-4的填写，分别对两种营销模式的客户群体、营销渠道、营销方式进行简单的预判，并给出相关理由。

表1-4 "熊猫杯"新媒体营销模式预判表

_____营销		_____营销	
客户群体		客户群体	
营销渠道		营销渠道	
营销方式		营销方式	
理由		理由	

> **知识拓展**
>
> **新媒体营销的形式**
>
> 1. 自媒体营销
>
> 简单来说,自媒体营销就是以本身为媒体的角度去公布文章、视频,打造一个属于小我的 IP 账号,但这同时需要有一定的主观性,以本身为前言动身、站在分歧的角度去看待事物,然后操纵各大平台去公布本身的概念来展开营销,这类平台有很多,如微信公众号、知乎、头条号、豆瓣等。
>
> 2. 短视频营销
>
> 短视频营销主要借助短视频,通过选择目标受众人群,并向他们传播有价值的内容,吸引用户了解企业品牌产品和服务,最终形成交易。做短视频营销,最重要的就是找到目标受众人群和创造有价值的内容。这类平台有抖音、快手、西瓜视频等。
>
> 3. 直播营销
>
> 从广义上说,可以将直播营销看作以直播平台为载体而开展的营销活动,是可达到提高品牌形象或增加销量目的的一种网络营销方式。它与传统媒体直播相比,具有不受媒体平台限制、参与门槛低、直播内容多样化等优势。如淘宝、蘑菇街、京东等大型电商平台都提供了直播入口。

任务二　新媒体电商职业规划

【任务描述】

小李是 A 新媒体技术有限公司的一名员工,因公司业务发展需要,他被任命为新媒体电商部门负责人,作为该部门的负责人,他需要招聘该部门的其他组员,扩大自己的团队。

本任务我们将帮助小李确定新媒体电商有哪些具体的岗位,每个岗位需要具备哪些能力,帮助他尽快组建团队。

【任务目标】

1. 能够描述新媒体电商的岗位职责及能力要求。

2. 能够制作一份新媒体电商运营人员的招聘简章。

【任务需求】

1. 计算机、手机。

2. 智联招聘平台:https://www.zhaopin.com/。

3. 良好的网络环境。

【任务实施】

步骤1:打开浏览器,输入智联招聘的平台网址:https://www.zhaopin.com/,然后按 Enter 键。

步骤2:使用个人手机号注册并登录账号,如图 1-29 所示。

图 1-29　输入手机号注册并登录账号

步骤3：登录后在搜索框内输入"新媒体电商运营"，然后单击"搜索"按钮，如图 1-30、图 1-31 所示。

图 1-30　智联招聘平台　　　　　图 1-31　智联招聘平台搜索"新媒体电商运营"

步骤4：浏览并分析搜索到的新媒体电商运营招聘信息，如图 1-32 所示。

图 1-32　搜索到的新媒体电商运营招聘信息

步骤5：根据下面公司提供的相关信息，结合新媒体电商运营的岗位职责及能力要求设计一份招聘简章，并填入表1-5中。

> 公司提供信息
>
> 1. 岗位名称：运营专员
> 2. 薪资待遇：基本工资＋提成＋满勤，6 000～9 000元
> 3. 社会保险：按国家规定购买五险
> 4. 企业福利：节假日发放节日礼品或礼金
> 5. 公司简介：A新媒体技术有限公司，团队成立于2013年，发展于2014年，壮大在2018年，到2022年基本形成了新媒体内容运营、新媒体营销传播、新媒体营销全案策划于一体的综合新媒体营销服务公司，并启用了全新对外品牌形象。

表1-5　电商运营招聘简章表

A新媒体技术有限公司电商运营招聘简章

知识拓展

新媒体运营就业方向

新媒体的就业方向有很多，如视频拍摄、视频剪辑、图文编辑、后期运营、策划编导，还可以做主播等。

随着5G时代的到来，新媒体会借助抖音、快手、梨视频、秒拍等社交短视频平台发展得更加迅猛。新媒体运营的就业前景是比较好的，随着互联网的发展，行业对于新媒体人才的需求不断提升，再加上企业想要获得更加有竞争力的发展，需要通过新媒体实现营销。所以，无论是从用户的角度，还是从企业、行业来说，新媒体运营的就业前景还是比较好的。

项目评价

学生自评表

序号	知识点	达标要求	学生自评	
			达标	未达标
1	新媒体	1. 能够说出新媒体的定义 2. 能够描述新媒体的范围		
2	新媒体营销、新媒体电商、新媒体的类型、新媒体运营及运营策略	1. 能够说出什么是新媒体营销 2. 能够说出什么是新媒体电商 3. 能够描述新媒体的几种类型 4. 能够说出什么是新媒体运营及运营策略		
3	新媒体营销与传统营销的区别	1. 能够描述新媒体营销 2. 能够说出新媒体营销与传统营销的具体区别		
4	新媒体营销的十大模式	1. 能够辨识新媒体营销的十大模式 2. 能够举例说明新媒体营销的十大模式		
5	新媒体运营的岗位内容和能力要求	1. 能够说出新媒体运营的岗位内容 2. 能够描述新媒体运营的能力要求		

序号	技能点	达标要求	学生自评	
			达标	未达标
1	辨识哪些属于新媒体	1. 能够理解新媒体的定义 2. 能够辨识哪些属于新媒体		
2	不同场景下应用恰当的新媒体营销模式	1. 能够区分不同的新媒体营销模式 2. 能够分析在何种场景下运用何种新媒体营销模式		
3	完成一份新媒体电商的职业规划	1. 职业规划思路清晰，目标明确 2. 能够理解新媒体运营的岗位内容与能力要求 3. 职业规划符合个人实际情况 4. 职业规划具有可实现性		

序号	素质点	达标要求	学生自评	
			达标	未达标
1	敏锐的洞察能力	1. 具备敏锐的观察力 2. 善于搜集有用资讯和好的思路、想法		
2	总结归纳能力	1. 具备较强的分析总结能力 2. 逻辑思维能力强，善于分析相关资料并归纳总结		
3	独立思考能力	1. 遇到问题善于思考 2. 具有解决问题和创造新事物的意识 3. 善于提出新观点、新方法		

教师评价表

序号	知识点	达标要求	教师评价	
			达标	未达标
1	新媒体	1. 能够说出新媒体的定义 2. 能够描述新媒体的范围		
2	新媒体营销、新媒体电商、新媒体的类型、新媒体运营及运营策略	1. 能够说出什么是新媒体营销 2. 能够说出什么是新媒体电商 3. 能够描述新媒体的几种类型 4. 能够说出什么是新媒体运营及运营策略		
3	新媒体营销与传统营销的区别	1. 能够描述新媒体营销 2. 能够说出新媒体营销与传统营销的具体区别		
4	新媒体营销的十大模式	1. 能够辨识新媒体营销的十大模式 2. 能够举例说明新媒体营销的十大模式		
5	新媒体运营的岗位内容和能力要求	1. 能够说出新媒体运营的岗位内容 2. 能够描述新媒体运营的能力要求		

序号	技能点	达标要求	教师评价	
			达标	未达标
1	辨识哪些属于新媒体	1. 能够理解新媒体的定义 2. 能够辨别哪些属于新媒体		
2	不同场景下应用恰当的新媒体营销模式	1. 能够区分不同的新媒体营销模式 2. 能够分析在何种场景下运用何种新媒体营销模式		
3	完成一份新媒体电商的职业规划	1. 职业规划思路清晰，目标明确 2. 能够理解新媒体运营的岗位内容与能力要求 3. 职业规划符合个人实际情况 4. 职业规划具有可实现性		

序号	素质点	达标要求	教师评价	
			达标	未达标
1	敏锐的洞察能力	1. 具备敏锐的观察力 2. 善于搜集有用资讯和好的思路、想法		
2	总结归纳能力	1. 具备较强的分析总结能力 2. 逻辑思维能力强，善于分析相关资料并归纳总结		
3	独立思考能力	1. 遇到问题善于思考 2. 具有解决问题和创造新事物的意识 3. 善于提出新观点、新方法		

课后拓展

【拓展案例】

屈臣氏：传统企业拥抱新媒体

在新时代下，新媒体的出现让企业有了更多发展的可能，线上线下的整合发展可以帮助企业推广品牌，获得不错的销量。新媒体营销是通过内容输出和用户运营来制造热度，从而提升消费者对品牌的认知度，还能够衍生出增值业务，提供符合主流价值观的内容，与用户进行场外互动，提供场外交流。

2018年是屈臣氏转型的时间节点，前后建立起企业微信、抖音号、服务号等10多个主流渠道，并且对不同渠道进行精雕细琢，打造智能IP，串起一系列渠道，微信上就有云店、种草（专门向别人推荐商品，并吸引别人购买的行为）等多个小程序分别有下单、拼团等功能；抖音上也有100多个商品橱窗，可直接下单。屈臣氏致力于建立消费者中心，将消费者线上线下的消费数据进行整合关联，为营销的工作人员提供数据参考。不仅如此，屈臣氏还拥有强大的数据库，一名普通导购就可以一键查看消费者线上线下的相关数据，包括买过什么，对哪个商品类别感兴趣等，还可以和消费者进行一对一的互动，甚至建立起"交易大厅"，让供应商可以与上游更加自由的合作。

2020年，屈臣氏线下各大门店客流量断崖式下跌，销量一落千丈，不少企业都在增加线上的互动营销。屈臣氏组织安排全国范围内的导购，通过消费者朋友圈、官方小程序、直播等方式建立服务闭环，服务了上百万个消费者，一场直播成交额就有上万元，尽管线下门店有2 000家处于关门状态，但2020上半年的营业额仍然是盈利状态。

案例启示：屈臣氏的成功有值得其他企业学习借鉴的地方，信息的获取和传播因为互联网而发生改变，为企业制造了机遇，传统企业的背后是广阔的市场，机会更加多样。没有哪个行业一定是落后的、不可改变的，对于传统企业而言，好好挖掘、好好改造，背后将有无限可能。开创线上的新媒体营销不代表要抛弃传统的线下营销，企业要视自身情况而进行选择，负担过重的企业可以完全转型线上，有余力的企业可以在原来的基础上增加线上营销，形成"线上线下"一体化的营销格局。

想一想：屈臣氏的成功释放了什么信号？

思政园地

【思政案例】

网络强国战略

我国已经成为互联网大国，网络规模、网民数量、智能手机用户等均处于世界第一位。同时，我国国内域名数量、境内网站数量及互联网企业等也处于世界前列。但是与世界上的网络强国相比，我国还有较大差距，其突出表现：我国在全球信息化排名中靠后，作为网络强国重要标志的宽带基础设施建设明显滞后，人均宽带与国际先进水平差距较大；关键技术受制于人，自主创新能力不强，网络安全面临严峻挑战。另外，我国城乡和区域之间的"数字鸿沟"问题突出，以信息化驱动新型工业化、新型城镇化、农业现代化和国家治理现代化的任务十分繁重。

党的十九届五中全会围绕开启全面建设社会主义现代化国家新征程，明确提出了"十四五"时期我国发展的指导方针、主要目标、重点任务、重大举措。特别是把握信息革命的"时"与"势",对网络强国建设做出一系列新部署、新要求,强调要坚定不移建设网络强国、数字中国,加快数字化发展。站在"两个一百年"奋斗目标的历史交会点上,全国网信系统要深入学习领会五中全会精神,特别是习近平总书记重要讲话精神,增强"四个意识",坚定"四个自信",做到"两个维护",切实把思想和行动统一到以习近平同志为核心的党中央决策部署上来,紧扣准确把握新发展阶段、深入贯彻新发展理念、加快构建新发展格局,扎实做好网络安全和信息化各项工作,为实施"十四五"规划、全面建设社会主义现代化国家开好局、起好步提供有力服务、支撑和保障,以优异成绩庆祝建党100周年。

请针对上面的案例思考以下问题:

1. 谈谈你对实施网络强国战略的看法。
2. 网络强国战略对新媒体发展起到哪些促进作用?

项目二

图文作品制作

项目导读

新媒体营销时代,用户对生搬硬套、赤裸裸的广告营销充满了抵触情绪;而基于新媒体平台的定位,根据用户的需求进行选题策划,结合平台的人设、调性,通过对文字、图片进行技巧性的安排和创作,可以使销售的内容悄无声息地直达用户的内心,以更有趣、更容易接受的方式打动用户,引起他们对营销内容的认同与共鸣,使用户乐于接受并主动传播。

本项目将带领大家进入图文作品制作的领域,了解微信公众平台内容创作、商品试用软文撰写及图文信息 H5 海报制作等相关知识。

教学目标

知识目标

1. 了解微信公众平台的几种类型。
2. 熟悉微信公众号的基础功能和选择方法。
3. 了解软文的定义、软文的特点及常见类型。
4. 掌握撰写商品软文的方法与技巧及商品试用软文的配图要点和技巧。
5. 熟悉微信公众号图文软文写作原则及微信公众号内容的编辑发布流程。
6. 熟悉 H5 的定义、应用场景、应用类型及 H5 营销的特点。
7. 掌握 H5 图文设计的方法与技巧。
8. 了解制作 H5 的几种常用软件。

能力目标

1. 能够选择合适的图文编辑软件为某品牌公众号撰写一篇图文软文。
2. 能够撰写一篇商品试用软文,并在小红书平台上发布。
3. 能够使用易企秀进行 H5 邀请函的设计。

素质目标

1. 具备敏锐的洞察能力。
2. 具备较强的沟通表达能力,能够有效表达观点。
3. 具有独立思考的能力和创新能力,能够掌握相关知识点并完成项目任务。

思维导图

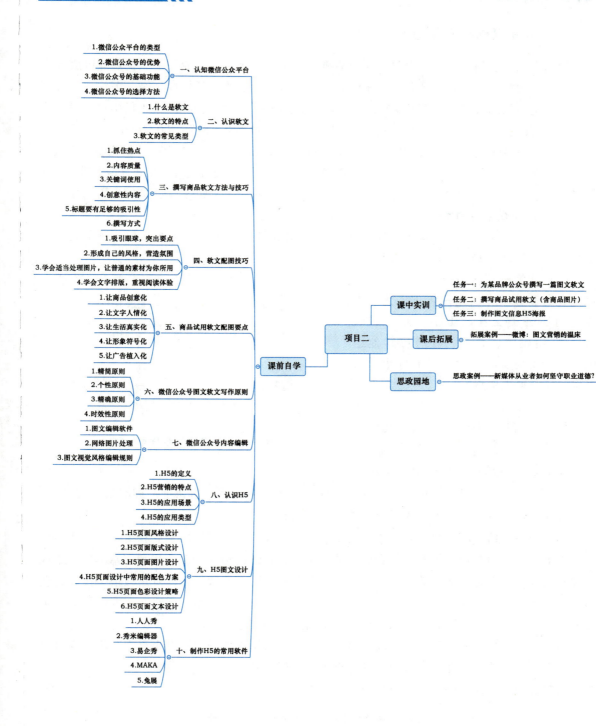

> 课前自学

一、认知微信公众平台

微信公众平台简称微信公众号,是腾讯推出的一个给个人、企业和组织提供业务服务与用户管理能力的服务平台,通过这一平台,可以实现与特定用户群体以文字、图片、语音等多种方式进行沟通及互动。截至2021年,据公开数据统计,微信拥有9.84亿用户,微信月活跃用户数量已经达到12.682亿,其对应小程序数量分别为300万+、200万+、40万+,微信公众号数量在2020年已超过3 000万个。微信公众号作为一种主流的线上线下微信互动营销方式具有强大的优势,如客户服务平台、电子商务交易平台、品牌宣传渠道等,其获取信息的便捷性、适用性及广泛性等特点在人们生活中的各个领域发挥着重要的作用。

1. 微信公众平台的类型

按照不同功能,微信公众平台账号主要分为服务号、订阅号、企业微信(原企业号)、小程序四种类型,如图2-1所示。

(1)微信服务号为企业和组织提供更强大的业务服务与用户管理能力,主要偏向服务类交互,功能类似12315、114,适用媒体、企业、政府或其他组织,个人暂时无法申请,1个自然月内可发送4条群发消息。

(2)微信订阅号是为媒体和个人提供一种新的信息传播方式,主要功能是给用户传达资讯;其功能类似报纸、杂志,提供新闻信息或娱乐趣事,适用个

图2-1 微信公众平台账号类型

人、媒体、企业、政府或其他组织,但个人订阅号暂时不支持微信认证,同时功能也较少。订阅号注重信息传播,订阅号1天内可群发1条消息。

(3)企业微信(原企业号)是企业的专业办公管理工具,只适用企业和组织,主要用于企业内部管理,为企业提供专业的企业内部通信工具,预设轻量OA应用和丰富API,集成多种通信方式,助力企业高效沟通与办公。企业成员关注企业微信后即可在微信中接收企业通知;信息显示在好友对话列表中,适用企业内部或企业间的合作。同时,企业微信提供丰富免费的办公应用,并与微信消息小程序及微信支付等互通。

(4)微信小程序是一种新的开放能力,开发者可以快速地开发一个小程序。小程序可以在微信内被便捷地获取和传播,同时具有出色的使用体验。

微信公众平台四种账号的主要功能介绍见表2-1。

表2-1 微信公众平台四种账号的主要功能

账号类型	功能介绍
订阅号	主要偏于为用户传达资讯(类似报纸、杂志),认证前后都是每天只能群发一条消息(适用个人和组织)

续表

账号类型	功能介绍
服务号	主要偏于服务交互（类似12315、114，提供服务查询），认证前后都是每个月可群发4条消息（不适用个人）
企业微信	企业微信是一个面向企业级市场的产品，是一个独立App，是一款好用的基础办公沟通工具，拥有最基础和最实用的功能服务，是专门提供给企业使用的IM产品（适用企业、政府、事业单位或其他组织）
小程序	一种新的开放功能，开发者可以快速地开发一个小程序。小程序可以在微信内被便捷地获取和传播，同时具有出色的使用体验
温馨提示： 1. 如果想简单地发送消息，达到宣传效果，建议选择订阅号； 2. 如果想用公众号获得更多的功能，如开通微信支付，建议选择服务号； 3. 如果想用来管理内部企业员工、团队，对内使用，可申请企业微信； 4. 原企业号已升级为企业微信	

2. 微信公众号的优势

（1）更有效。微信公众平台的用户来源是腾讯用户，如果有朋友和家人也开通了微信业务，用户可以通过手机通信录来添加这些朋友和家人。由此可见，微信属于熟人网络，其内部小众传播的信任度和到达率都是其他社交平台无法比拟的。由于微信的用户真实、私密且富有价值，其传播有效性特别高，甚至有媒体曾这样说道："微信1万个听众相当于新浪微博的100万粉丝"，这句话可能稍微夸张了一点，但也是有据可循的。

（2）更方便。与个人计算机（PC）端相比，手机可随身携带，非常方便，加上微信的社交和位置等天然优势，商家营销起来也非常便利。不仅如此，与App相比，微信公众平台无须专门下载和安装，具有很大的便利性。

（3）更精准。微信公众平台可以对用户进行分组，然后利用超级二维码，在二维码中添加投放广告渠道来获取用户群属性，由此所产生的营销和服务更加个性与精准。

（4）更高达到率。微信公众平台可以实现一对多的传播方式，使内容和信息的达到率更高，是企业推广的有力武器。由于微信公众平台可以将消息直接推送至手机，其达到率和可观看率接近100%，众多企业和个人还会植入广告进行推广，利用公众号的高认可度和达到率得到了理想的效果。

（5）更方便互动。与其他网络媒介相比，微信作为一款社交软件，不仅信息推送及时，而且有利于用户的沟通和互动。微信公众号不仅可以帮助企业向粉丝推送信息，还提供刮刮卡、大转盘等活动功能，为营销提供了更强的互动性。

（6）更低的成本。过去客户一旦跨出店铺，想要联系只能依靠打电话或发短信，而如今微信公众平台将客户聚集到一起，企业可以统一向所有客户推送消息，让客户对自己的产品了解更加深刻。不仅如此，过去企业需要反复投放媒体广告才能留住客户，广告成本非常高，而现在利用微信公众平台推广，不仅节省了广告预算，而且可以持续与客户保持联系。

3. 微信公众号的基础功能

微信公众号能给企业和组织提供强大的业务服务与用户管理能力，帮助企业快速实现线上品牌业务宣传及用户业务互动和维护企业用户。企业的发展离不开线上品牌的宣传与业务和用户之间的互动。一个注册成功的微信公众号默认具有以下 10 个基础功能：

（1）自动回复。自动回复功能可以帮助运营人员提前设置文字/音频/图片/视频信息，并制定自动回复的规则。

（2）自定义菜单。运营人员可以在公众号会话界面底部设置自定义菜单。菜单项可按需设置，并可为其设置响应动作，如发送消息、跳转网页、跳转小程序等。

（3）投票管理。投票功能可用于收集用户关于比赛、活动及其他热门事件的意见。运营人员新建投票模板后，需要在公众号图文消息中插入投票的卡片。

（4）话题标签。话题标签包括话题标签和界面模板两个功能。

（5）赞赏。2018 年 6 月 6 日，微信升级了赞赏功能，由原先对公众号的赞赏变成对作者个人的赞赏。

（6）原创声明。原创声明功能是原创保护的基础功能，并且与赞赏功能深度联系。

（7）视频弹幕。视频弹幕功能是一项助推视频板块发展的功能。运营人员上传视频并群发视频消息后，可以管理弹幕列表，优先展示精彩有趣的弹幕内容。

（8）号内搜索。公众号的号内搜索功能是内置在公众号历史消息界面的"搜索"入口，旨在帮助用户快速检索号内关联内容，它使号内文章的搜索更加便利。

（9）留言。留言功能用于支持用户与账号运营人员在公众号文章底部的评论区进行互动，运营人员可以精选用户及自己的留言。

（10）付费。付费功能的开通是对优质内容创作者的一种支持与认可。

4. 微信公众号的选择方法

（1）根据账号的特点和优势选择。订阅号在信息的传递和互动上占据优势，一天 1 条消息基本可以满足运营人员的需要，适用个人、媒体、企业、政府和其他组织；服务号可以为用户提供具体的服务，适用以服务为主的企业、媒体、政府或其他组织，如中国农业银行等；企业微信主要是供企业内部使用的，适用内部构造较为复杂的大型集团性企业，如海尔集团等。

（2）根据企业（个人）自身需求选择。如果是服务型的企业可以优先选择做服务号，如餐饮行业、旅游行业等需要与用户经常产生联系的企业。

（3）根据企业的运营能力选择。就服务号而言，需要深层次的技术开发和系统的功能规划，如果企业有足够的运营人员和技术支持可以选择开通服务号。

二、认识软文

1. 什么是软文

> **想一想**
> 学校的公众号应该选用哪种类型？

（1）广义上的软文。广义上的软文是指企业通过策划在报纸、杂志或网络等宣传载体上刊登的可以提升企业品牌形象和知名度，或可以促进企业销售的一些宣传性、阐释性文章，包括特定的新闻报道、深度文章、付费短文广告、案例分析等。

（2）狭义上的软文。狭义上的软文是指企业花钱在报纸或杂志等宣传载体上刊登的纯文字性的广告。这种定义是早期的一种定义，也就是所谓的付费文字广告。

2. 软文的特点

（1）"软"。"软"是软文的首要特点，它的"软"是与硬广告的"硬"相对的。其具体表现：篇幅较短，字数一般控制在 500 字左右，这样既能吸引读者，也便于转载传播；通俗易懂,即用浅显、言简意赅的文字表达,让读者易于接受;内容精彩,不同于过于张扬的广告宣传,而是于无声处影响消费者。

(2)"准"。任何一篇文章都要有主题,而软文短小精悍,更要求精准。所谓精准,就是软文写作者在写作之初一定要明确软文目的,面向读者群,确定软文的噱头和矛盾,以及定位软文的诱惑点。确定以上要素后,着笔写作时,作者要注意行文,在保持文章精彩度的同时,要保证软文的真实性,不确定、没把握的不要写,更不要为了达到某种效果而夸大其词,歪曲事实。

(3)"快"。说到"快",可能很多人会觉得软文是速成品,速成品是软文的一个误区,也是一种偷工减料的严重现象。这里所说的"快"是指一篇成功的软文传播速度快,容易引发转载,要达到这样的效果,就要求写作者有足够的领域经验,对软文所宣传的内容精通,对所要表达的内容有深入调研,所以文章才会表达准确,写起来得心应手,一针见血地写出读者的心声。软文写作"快"的秘诀虽说术业有专攻,但不是领域精英的人也可以写出好的软文,这就要求写作者在写作之前要有调研,对软文涉及的领域内精华及经验有所了解和总结,这样才能写出较好的软文。

(4)"新"。"新"主要针对新闻性软文而言,这种软文要求很高的时效性,及时报道才能及时传播扩散,可以在短时间内提升企业形象。

3. 软文的常见类型

(1)热点结合型。活动、创意需要结合热点,软文也是如此,结合热点的软文能够受到更高的关注,带来更好的阅读流量,所以它是软文写作中常见的一种类型。

①结合热点话题。热点话题有可预测型,也有突发型。可预测型话题如每到六月份的高考话题、毕业季话题,大片上映前的电影热议话题等,基本上每年周而复始,事件发生前后的相关话题总是能够重复引起用户的关注。突发型的热点则具有未知性,需要读者密切关注一些热门排行榜信息,如微博的热门话题、百度的搜索风云榜、各平台的热门快讯等,获得热门话题的点,找到与自己产品及适合结合的地方密切进行跟进与文章写作即可。

②结合节日主题。节日主题是每年固定的热点之一,节日代表欢乐、代表放假、代表庆祝,它与读者的情绪紧密关联在一起,所以,节日成为每年大家一起发力且屡试不爽的主题。节日的软文不仅是可以推广节日的专题活动,还可以挖掘节日的特征,进行相关的结合。

例如,母亲节前后,各大商家会推出母亲节礼物活动,可以结合相应产品特性、受众面来撰写商品软文,吸引想要给母亲买节日礼物的客户。图2-2所示为小红书平台上母亲节商品软文。

(2)活动宣传型。目前很多内容运营撰写得最多的可能就是这类型软文,配合活动运营,一起提高活动的影响力,推动用户的参与积极性。活动宣传型软文通常有一个发布进度:

图2-2 小红书平台上母亲节商品软文

①活动预热软文。在活动开始前，软文通常会先行。为了提升活动的热度，预热软文通常有可能结合一些争议性的观点与话题，或者做一些引导关注的预热小活动，将活动之势先行炒作起来。

②活动宣传软文。活动开始启动，活动宣传软文也必不可缺。活动宣传软文通常较为直白，告诉用户本次活动的具体情况是怎样的，它与产品之间的关联是怎样的，用户该如何参与，活动有何种规则，诸如此类。

③活动总结软文。活动过程中拍摄的照片，活动过程中产生的好玩的UGC（用户原创内容）、活动的参与用户数据、活动的整体成果与心得、活动的中奖公示等，在活动结束后也都能成为产品软文的素材。

（3）产品记录型。软文也可以成为生产产品过程中的记录文档，通过软文将产品的历史进行串联，同时也让阅读者共同见证产品的成长轨迹，就像大家一个共同的"孩子"一般，在关注"他"如何长大并取得成就的过程中，也同步提升了对产品的感情。

①产品成长进程。每种产品都有它的生命周期和成长进程。对于软文创作者来说，过程的每一步都可以成为创作的素材。如产品上线、产品功能更新、产品改版、产品跨界合作、产品转型、产品新的创意、产品的技术特色与独家版权、产品的融资甚至产品遭遇的挑战与应对等，都可以成为产品成长过程中值得记录与分享的信息资讯。

②产品里程碑。除产品的成长记录外，产品发展路上的里程碑更值得通过软文来传播，从而提升用户对产品的信任与信心。通常，产品里程碑包括产品获得荣誉，如某权威平台给产品颁发了特别的荣誉奖项；又或者产品的关键指标达到了指定峰值，如产品订单量超过百万、产品用户量突破百万等；甚至某专家对产品进行了评点，肯定了产品的某个属性，或者某明星在公众平台声称了自己是产品的用户等，都可以成为软文的素材。

其实，无论是产品的成长进程还是产品的里程碑都是产品生命周期里重要的一部分。前者更偏向介绍产品，提升产品的知名度和认知度；后者更偏向强化产品，提升产品的好感度、信任度和忠诚度。

（4）产品分析型。如果产品记录型软文更多的是说产品做了什么及产品做成了什么，那么产品分析型软文更重要的是偏向产品本身到底怎么样。

①进行产品体验。自己要成为自己产品的深度用户并不是一句空话，对自己的产品有足够的了解，从产品体验的角度也可以写出多篇软文。例如，从产品业务流程的角度出发，分享全流程过程中的体验与经验；又或者从产品的某项功能出发，分享这项功能的特点及操作过程。

②挖掘产品亮点。产品体验过程一般更多着重于操作，但是要在用户心目中为产品树立一个差异化认知的定位，还是要靠对产品优势的深入认知及对于产品亮点的发掘。只有抓住了产品与其他竞品之间具有强有力竞争优势的那个点，并且从不同角度不断强化它，才能够帮助产品脱颖而出。

③产品深度评论。当对于产品的了解达到一定程度，对于产品的历史渊源、产品背景、市场环境、商业模式等都有了自己的认知时，还可以就此撰写一些相对中立的产品深度评论文章，从更加客观的角度分析产品的成败、产品的市场趋势等，不仅让用户深入读懂产品，而且能够给更多的圈内人带来启示，从而由圈内及圈外扩散产品影响力。

（5）知识分享型。现如今的读者对于内容的偏好有一个重要的方向，就是希望内容有价值，而知识就是这样一种能够满足大家对价值向往的东西。把产品包装在知识内也是目前常见的一种软文方式。

①与产品本身相关的知识。分享与产品本身相关的知识的好处是阅读该软文的人通常是产品比较精准的目标对象。这种类型的知识与产品的结合也更为契合。

例如，产品是一个亲子旅游的App，在分享知识时，可以选择给大家分享亲子旅游的地点选择知识、亲子旅游的注意事项知识、亲子旅游景点的攻略知识等，在分享知识的同时，可以植入知识的来源，可能是产品，或者是想要推荐的地点在产品中有优惠等，从而增加读者对产品的好感度。

②与产品能够关联的知识。知识分享不一定要局限在一定与自己产品本身相关这个范围内，有时候，只要知识内的某一点能够与产品产生关联，同样可以成为软文的素材，尤其是那些能够戳中用户需求点的知识，可以通过软植入的形式进行关联。

现如今经常会有一些盘点型的文章特别受读者的喜欢，如盘点夏日最受欢迎的奖品，只要产品能够和夏日或奖品这两个要素有一定关联，也许都能够成为软文撰写的方向。类似的还有如排行榜、N大方法之类的文章。

(6) 案例故事型。解决了读者对于"有价值"内容的需求，同样也要满足读者对"有趣"内容的需求。软文之"软"，在于它比硬文更加有可读性，而其中带有情节和事件的案例故事，就是大多数读者喜欢的软文类型。

①体验、痛点、情怀故事。如何把案例故事与产品相结合？一种是针对目标用户对产品的使用场景的体验型故事；另一种是从产品解决的痛点出发的痛点型故事；还有一种是将产品的价值进行提升勾起情感认同和共鸣的情怀型故事。

在做广告文案时，这种故事可能是用相对较短的文字来说明整个过程，而通过软文则可以加入更多让人信任的细节，来赢得读者的信任。

②段子型故事。除了真正与产品做到结合的案例故事，目前很多大V、网络红人及营销号在帮助产品进行推广时，还喜欢使用一种段子型故事。这种故事一般与一些有趣的事情、好玩的故事、网络流行的段子等结合，更加耐读，趣味性也更强，通常包括以下两种方式：

a. 神转折型，即前面一直说一些完全与产品无关的趣味内容，搞怪、幽默、悬疑都有可能吸引读者的眼球，直到最后才突然亮出产品，让人觉得有些突兀的同时又觉得更加好玩、好笑。这种类型的故事最典型的如"段子手"歌星薛之谦，很多他的粉丝都说"广告就服薛之谦"，就因为他的很多广告都是这种神转折型，可读性强。

b. 把产品本身编成了段子或把产品植入段子，这种软文的作者相当于一个编剧，创作了一个剧情，而产品是其中的道具。例如，公认的软文大神"天才小熊猫"，他的软文通常是一个完整好玩的故事，让人笑疯的同时并不反感产品在其中的出现。

三、撰写商品软文方法与技巧

1. 抓住热点

撰写软文时可以结合当下比较热门的新闻、事件来编辑内容，这样的目的是能够提升用户的搜索度，文章内容容易被搜索到，从而达到推广软文的目的。

2. 内容质量

软文一定要足够软，根据所需推广的信息进行合理的编辑，尽量图文结合，这样容易吸引到用户，同时可以提升软文内容质量，不会轻易使用户反感。

3. 关键词使用

软文发布之后很多时候需要用户通过搜索关键词来实现。所以,要利用好的关键词,把握好关键词出现次数,提升网站的搜索排名。

4. 创意性内容

需要根据软文的内容加入适当的创意,使之富有吸引力,这样才能吸引人们的眼球,从而引起兴趣,进而点击浏览软文内容。

5. 标题要有足够的吸引性

有时需要通过标题来吸引读者。只有满足了读者的好奇心,才会被点击浏览,这样才能达到软文推广营销的目的。

6. 撰写方式

软文的撰写方式有很多,应该根据推广产品的信息制定合适的撰写方式。越富有创意、越贴近生活的软文才会被人们关注。

四、软文配图技巧

1. 吸引眼球,突出要点

每次内容的送达就好比是一次搭讪,从用户点开推文到浏览完推送的内容,时间总共不超过 10 秒,所以配图要做到吸引眼球并突出要点。支付宝作为一款大众支付产品,其公众号一改金融严肃画风,每期的推送也是略显个性(图 2-3)。有时候,单独的文字也可以图形化,成为最直白的传播媒介,能在众多公众号中脱颖而出。

2. 形成自己的风格,营造氛围

走风格派的公众号,通常很注重图片与文字的配合,以营造一种安静的阅读氛围,而这类文章的配图会特别讲究,一般都会请专业的插画师或摄影师来完成,不过在各大图片素材网站找到源素材并加以简单的处理也能达到这样的效果。

例如,十点读书的公众号经常选一些有意境的人像摄影作品(图 2-4)。试想,当你工作一天之后打开微信公众号想安静地浏览信息,这些图是不是马上就能让你静下心来?

图 2-3 支付宝公众号配图

图 2-4 十点读书公众号配图

3. 学会适当处理图片,让普通的素材为你所用

有些时候,现成的配图并不好找,或者说找到的素材缺少一点意境或内容,很难让人印象

深刻，通常专业的设计师会马上打开专业软件，运用后期处理等方法修改图片以达到目的，但是作为非专业人士，是不是也可以利用一些简单的工具自己动手处理图片呢？

图 2-5、图 2-6 所示都是摄影素材，通过添加文字、印章等元素，整个画面的气质就完全变了，而这两张处理过的图片放在文中或作为封面，会大大提升整篇文章的画面感和故事感；如果配色排版合理，更会令整个图片提升一个档次，达到一张完整作品的效果。

图 2-5　摄影素材配图

图 2-6　摄影素材配图

4. 学会文字排版，重视阅读体验

很多人都有一个误区，以为一篇好的文章排版，就需要各种五颜六色花哨的边框、分割线、小图标等点缀，很多作者也会经常去一些网站获得下面这类微信美化素材。

使用这类素材的目的是提升阅读体验。在设计语言中，简洁、清爽的元素通常会令人赏心悦目，适当跳跃、活跃的元素会令人情绪高涨，而过于复杂、凌乱的元素则会令人烦躁。在图文阅读中，文字的排版会很大程度上影响整篇文章的可读性。

没有太多的装饰，也没有冗长的文字，标题和正文清晰的分界线，舒服的行距，正文与标题细微的区别，这些小技巧都能让读者的阅读体验提升一个档次。当然，这其中并没有类似公文格式那样明确的字号、行距规定，最好的办法就是多看、多对比，在文章发出之前在手机上多预览几遍，并换位思考：如果我是用户，我会想继续读下去吗？

五、商品试用软文配图要点

1. 让商品创意化

让创意成为产品的焦点，紧跟潮流的配图会让看众更感兴趣。配图时可以添加一些创意，包括新包装、细节图等，如图 2-7 所示。

2. 让文字人情化

出现"人"的广告比没有"人"的广告更能吸引人们的注意。如果产品的受众能同广告中产品的使用者产生身份认同，也就是产品使用者进入了你的框架，那么他们就会融入这种场景并感同身受，而这个过程就是了解产品和信赖产品的过程。如图 2-8 所示的对话截图，实际上就是融入了"人"的因素。

3. 让生活真实化

配图可以将真实的生活场景渲染出来，渲染出对受众现在的认知，以此来增加顾客对自己的信任感，这样有利于增加互动，引导商品成交量（图 2-9）。

有的图片能够反映出不一样的角度，呈现不同的人文视角及心态情怀。从不一样的角度看同一种事物，才能高于他人，才能够为别人带来更多的价值。

图 2-7　创意配图　　　图 2-8　对话截图软广告　　　图 2-9　真实生活场景分享

4. 让形象符号化

很多产品有虚拟人物代言人，或者大家用自己的模型建立了各种漫画，这就是一种形象符号化。让一个人物出名就是让它所代表的产品出名。人们不会关心什么生产公司或厂家，他们在乎的是虚拟人物是否会被自己接受，如万人迷的动漫形象。一个标志或手势长期使用就会给对方造成一种认知。这都是在用图片进行潜意识营销，重复次数多了，大家就都知道了。

5. 让广告植入化

可以重复用一张图片或连续用含有类似内容的图片，这样的图片发布到朋友圈的文案中，也可以起到潜意识营销的作用。

求助类的文案是最容易引起网友关注的类型之一，也可以试试利用人们的好奇心、热心为自己做植入广告。

六、微信公众号图文软文写作原则

微信是一个超 10 亿人使用的手机应用 App，从 2011 年推出至今，已经渗透到人们的吃、穿、住、行等各个方面。新媒体时代的营销文案往往有别于传统的销售文案，既不会直接介绍商品或服务，也不会让用户一眼就看出这是一篇广告而点进标题就退出，这就催生了新媒体时代一种常见的营销文案——软文。微信公众号的图文软文写作原则主要有以下四种。

1. 精简原则

图文内容要精简，要开门见山直接切入正题，尽量使用精简的语言将主要观点表达出来。在挑选图片时，一定要选择背景干净、重点突出的照片。如果背景混乱，很容易将读者的目光转移；重点不突出也会使内容出现干扰，导致整个构图出现混乱的现象。

2. 个性原则

要想让发布的信息赢得更多的关注，就需要提供个性化的视角，个性化内容可以在海量内容池里成功地吸引用户注意力，引导用户点击阅读，并且筛选精准用户，提高图文内容的转化率，如选题的个性化、观点的个性化及标题的个性化。

3. 精确原则

所谓精确原则就是对目标人群进行精准定位，选择正确营销目标，把每条信息都发送到有需求的用户那里。因此，可以将用户分类，有针对性地推送信息。只有基于真实需求进行精准定位的软文，才能产生共鸣，取得更好的效果。

4. 时效性原则

用户对于时事热点的关注度较其他信息要更高，特别是那些低门槛、高共鸣、新观点、反常态的热点，更容易引发用户情绪共鸣。

博学多闻

吉利中国星携手《只此青绿》引领高价值热销

2022年1月31日除夕夜，《只此青绿》选段登上2022年中央广播电视总台春节联欢晚会，让观众直呼惊艳，获得不少人的称赞；随后吉利中国星与《只此青绿》达成战略合作，将共同打造多重文化创新活动，发掘向上追溯与向外延伸的力量。2022年3月15日，吉利汽车公众号上发布了一篇名为《中国星：只此青绿，这很中国！》的图文作品，如图2-10所示，不到一个月阅读量已破6万。2022年4月7日，吉利汽车公布了2022年3月份销量快报，数据显示，3月份吉利汽车销量为101 166辆，实现同比环比双增。

图2-10　中国星：只此青绿，这很中国！

七、微信公众号内容编辑

1. 图文编辑软件

在微信公众号中，编辑图文内容时可以使用微信自身的内容编辑页面，也可以使用第三方的微信图文编辑软件。常见的微信图文编辑软件见表2-2。

表2-2　常见的微信图文编辑软件

图文编辑软件	功能与特点
微信编辑器	无H5页面。其优点是可以快速提炼网页信息；缺点是高级编辑有大量模板，但没有自动复制功能，导致手动复制到公众平台后台时会出现格式错乱的现象。另外，微信编辑器自带图文素材，可参考使用
易企秀	自带H5页面。应用简单，适合新手，分为旧版与新版。新版分类功能较好，能快速找到心仪的排版格式

续表

图文编辑软件	功能与特点
秀米编辑器	自带 H5 页面。秀米 2.0 排版分类更清晰，模板精美多样，分组合、零件、布局，使用便捷。最大亮点是可以编辑文章被用户分享后的效果
135 微信编辑器	与咫尺网络合作 H5 页面。有一键排版、每日一题等快捷功能，方便新手使用，有广告

2. 网络图片处理

关注图片的选择、图片的格式及图片尺寸可以让用户更好地理解，把握文字内容，提升公众号的影响力。

3. 图文视觉风格编辑规则

（1）视觉风格与图文内容一致。视觉风格要与图文内容一致，即亲子类的相对活泼，商务风以简约为主，针对青年人的以时尚为主等。

（2）视觉风格与用户定位一致。图文内容的视觉风格要根据目标用户群体来定位，如针对商务人士的简约风，针对女性的可采用暖色调，针对学生的要轻松、活泼等。

八、认识 H5

1. H5 的定义

（1）广义上的 H5。广义上的 H5，是指第五代"超文本标记语言"（Hyper Text Markup Language 5，HTML 5），也指用 H5 语言制作的一切数字产品，上网所看到的网页多数是由 HTML 代码写成的。"超文本"就是指页面内可以包含图片、链接，甚至音乐、程序等非文字元素，而"标记"是指这些超文本必须由包含属性的开头与结尾标志来标记。浏览器通过解码 HTML，就可以把网页内容显示出来。在 H5 之前，网页的讯问主要是在计算机上进行的。H5 最重要的特性就是增强了对移动设备的支持。

（2）狭义上的 H5。狭义上的 H5，是指互动形式的多媒体广告页面，它是和移动互联网一起发展起来的。H5 最显著的优势在于它的跨平台性，用 H5 搭建的站点与应用可以兼容 PC 端与移动端、Windows 系统、Linux 系统、安卓系统与 iOS 系统。另外，H5 的本地存储特性也给用户带来了更多的便利性。基于 H5 开发的轻应用比本地 App 拥有更短的启动时间和更快的联网速度，而且无须下载占用存储空间，特别适合手机等移动媒体。H5 让开发者无须依赖第三方浏览器插件即可创建高级图形、版式、动画及过渡效果，这也能让用户用较少的流量就可以欣赏到炫酷的视觉与听觉效果。

2. H5 营销的特点

（1）跨平台。微信是 H5 传播的重要平台，其高流量者必会带动 H5 营销，而且 H5 是少有的可以在多个平台上完美运行，且能为用户展示丰富内容的广告形式，它的跨平台特性使其覆盖面比传统广告更广，能够为广告主带来更多的流量。

（2）低成本。利用 H5 进行营销，企业需要花费的费用只有 H5 的设计成本和维护费用，相较于传统的电视广告、宣传海报、活动展板等营销形式花费的费用要少。当然，还有一类比较高端的 H5 需要进行定制，仅靠第三方工具是无法完成的，这类 H5 因为涉及程序开发，需要专业团队来完成项目的制作和执行，通常由经验丰富的设计师、程序员和策划人员合作来完成，项目的制作周期也较长，需要的费用也较高，这类 H5 往往会出现爆款。

（3）高传播。与传统的地铁广告、Banner、文字广告相比，H5 的展现形式无疑丰富得多，动态的画面、高频的互动、有趣的内容和众多的玩法都更容易让终端用户接受。只要广告主稍加引导，用户就会自发地将 H5 分享给其亲朋好友，随之带来的巨大流量也是传统广告难以企及的。

3. H5 的应用场景

（1）商业促销。有些商家通过 H5 来派发产品试用装、会员卡、优惠券等，吸引消费者前往商家实体店进行消费。这种商业促销形式在传统推广方式的基础上加入网络元素，可以较低的成本获取更多的客户。

（2）互动活动。一些企业利用 H5 开展抽奖、测试、招聘等活动，企业通过 H5 收集用户信息并进行汇总，从而高效地促进活动的进行。

（3）海报宣传。企业可以通过制作多页面的 H5 海报进行企业文化的宣传和产品的介绍，进行活动推广、品牌推广等，还可以将 H5 海报分享至 QQ、朋友圈等进行全网推广。

（4）活动邀请。企业在举办展会、会议、培训、庆典等活动时，可以通过 H5 进行线上报名，达到快捷的宣传效果。另外，H5 中包含的文字、图片、视频等信息都可以全方位地展示给报名者。

（5）客户管理。企业通过 H5 线上预约、报名等方式收集客户资料信息并进行分类管理，利用数据来支持营销决策，从而实现精准营销。

（6）电商引流。商家可以通过 H5 将客户引流到淘宝、天猫、京东等电商平台，以充分利用社交网络的低成本流量。

（7）分享展示。用户可以将有趣、有用、有料的 H5 通过微信分享给好友，或者直接分享到朋友圈中进行展示，提高了分享的即时性。

（8）简历名片。求职者除运用纸质版简历求职外，还可以创建自己的 H5 简历名片，在其中添加个人信息、图片、音乐、视频等，让面试官全方位地了解自己。

（9）节日贺卡。利用 H5 制作的节日贺卡可以给亲朋好友送去祝福，其功能和外观比真实的节日贺卡更胜一筹，用户在贺卡中还可以插入音乐、动态文字、图片、视频等元素。

（10）公益宣传。用户通过 H5 可以进行公益活动宣传，不仅能让更多的人了解公益活动的内容，还可以吸引更多的人参与公益活动。

4. H5 的应用类型

（1）展示类。展示类 H5 是最常见的移动 H5 网页，因其交互形式简单（翻页）、制作快捷，所以应用非常广泛，如邀请函、多媒体新闻、相册、动态海报等，如图 2-11 所示。

（2）全景/VR 类。全景是指借助手机的重力感应，用户可以滑动手机屏幕或移动手机，查看上下左右 720°或 360°的画面。这种互动让用户可以看到的视角更大，更有身临其境的体验。这类 H5 很考验设计师的设计能力，需要绘制很多的图片素材，才能形成层次感。

图 2-11　展示类

（3）视频类。视频类 H5 大多以全屏视频的形式存在，能够减少其他因素对用户的干扰，用户对 H5 的体验不会轻易被中断，而且视频能够展现出一些 H5 实现不了的特效，结合音乐和音效使用户全身心沉浸其中，如图 2-12 所示。

（4）动画类。动画类 H5 以全屏动画为主，大多通过讲述故事来吸引用户的注意力，整个动画几乎没有交互（类似动画类视频），或者只使用简单的交互（如点击按钮后继续播放），当故事进入尾声时一般会出现一屏广告画面。

（5）交互动画类。交互动画类 H5 与动画类 H5 最大的区别就是交互动画类 H5 增加了交互功能，动画的播放用户是可以进行控制的，如图 2-13 所示。

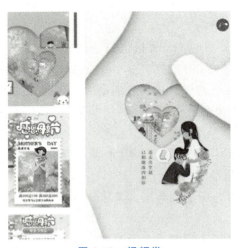

图 2-12　视频类　　　　　　图 2-13　交互动画类

（6）模拟类。模拟类 H5 曾经很火，主要形式是对各种设备的模拟，如模拟来电、短信、微信聊天界面、微信朋友圈、手机界面、各类 App 等。

（7）合成类。合成类 H5 一般以恶搞、幽默、新奇等形式居多，用户上传图片合成与明星的合影，或者填写名字生成新闻头条、合成海报、合成证件等。

（8）数据应用类。数据应用类 H5 是用于数据统计、收集或展示的 H5，其应用场景很丰富，包括抽奖、测试、投票等，创作上的空间很大，但也比较考验设计者的逻辑。

（9）游戏类。游戏类 H5 按照用途可分为两类：一类是纯游戏，如棋牌游戏、吃豆人、钢珠迷宫游戏等；另一类是营销游戏，会在游戏的基础上增加排名设定，在游戏结束时显示导流页。

（10）跨屏类。跨屏类 H5 的互动不仅包括用户与 H5 内容的互动，还包括人与人、商家与消费者的互动。它可以是双屏互动，也可以是线下活动互动利器，如大屏投票、评论上墙等。

（11）综合类。一个优秀的 H5 作品往往综合了多种不同的技术，除翻页外，还有点击、输入文字、擦除屏幕、滑动屏幕、重力感应、摇一摇等，玩法非常丰富。

九、H5 图文设计

1. H5 页面风格设计

（1）简约风格（图 2-14）。在 H5 页面风格设计中，简约风格常用于传递品牌信息或表达情感，这种风格要求设计人员具有敏锐的洞察力，能够准确把握品牌的调性，通过恰当的留白处理与排版形成细腻别致的视觉效果。简约风格多采用弱对比色调，色调反差较小，冷暖色调均可。虽然这种风格的色彩感在视觉上的冲击力较弱，但能够带给用户舒适的浏览体验。

（2）扁平化风格（图 2-15）。在 H5 页面风格设计中，扁平化风格一直很受设计人员的追捧，优势在于其通过形状、色彩、字体等呈现出清晰明了的视觉层次，给用户带来较为直观的视觉感受，更易于用户理解传播的信息。扁平化页面风格设计主张摒弃一切繁杂冗余的装饰效果。

（3）科技感风格（图 2-16）。在这个推崇科技创新的时代，科技感风格受到 H5 设计人员的青睐。炫酷的科技感效果能够在短时间内吸引用户的注意力，备受年轻人的喜爱。这种 H5 设计风格的应用范围较广，多用于互联网、汽车等领域。

图 2-14　简约风格　　　　图 2-15　扁平化风格　　　　图 2-16　科技感风格

（4）卡通手绘风格（图 2-17）。卡通手绘风格在 H5 页面风格设计中也较为常见，设计人员往往通过手绘来表现主题内容，既轻松又有趣，用户浏览起来不会觉得累，自然会停留更长的时间。

（5）水墨风格（图 2-18）。水墨风格的 H5 融合了许多传统文化元素，具有浓郁的古典韵味。它延续了传统水墨绘画的手法，有的还增添了时尚的成分。水墨风格的 H5 多用于江湖武侠游戏等的宣传，能够营造出潇洒脱俗的意境。

图 2-17　卡通手绘风格　　　　图 2-18　水墨风格

（6）手绘风格（图2-19）。在传统绘画书法的影响下，一些手绘元素也被融入H5页面风格设计，形成了丰富、细腻、纯朴、自然的表现风格。与其他风格相比，手绘风格的H5更加贴近自然、反映生活，也充满了艺术气息。

（7）混合风格（图2-20）。在H5的诸多风格中，有一类不是单一风格所能概括的，这类H5作品融合了多种风格，形成了别具一格的混合风格。混合风格的H5中含有丰富的素材，构成了一场华丽的视觉盛宴，能够带给用户强烈的感染力。

图2-19 手绘风格

图2-20 混合风格

2. H5页面版式设计

（1）页面有层级，元素要统一。在设计H5页面时，一个页面中的元素层级关系最好不要超过3个，且层级要分明。一级信息为页面焦点部分；二级信息为页面次要部分；三级信息为页面的点缀部分（图2-21）。设计页面层级的方法如下：

第一级：很重要，也是很显眼的，可以通过颜色、大小、位置等方式来强化信息，向用户传达中心思想。

第二级：为了辅助、扩展第一级，在视觉上不可与第一级信息争夺画面的焦点，用于引导用户理解页面信息，使用户更加舒适地阅读页面信息。

第三级：属于画面中的点缀部分，可以是修饰图形或文本描述，这里的文字是详细、通俗易懂的部分，不需要对文字进行特殊处理，只要符合人们的阅读习惯即可。

由于H5是多页的，有时还是长图文的形式，在排版时应保证页面的连续与统一。设计人员可以为页面设计相似的版式、相似的元素和成套的素材，并使字体格式、颜色、图片风格等保持统一。例如，在使用图片时，无论图片是什么样的版式，最好做到图片的色调、视觉角度或景别等特征的统一。如果能够做到特征的统一，整体的画面感就会比较一致。

（2）H5页面信息排版。

①对齐（图2-22）。每个H5页面中的元素都应当与页面中的另一个元素存在某种视觉联系，这样才能建立清晰的结构。在版式设计时要找到元素之间的对齐线，从而建立联系。基于人们从左到右、从上到下的阅读习惯，H5页面信息的排版一般采用左对齐或居中对齐的方式。

图 2-21 "冬季汤品"版面设计

图 2-22 对齐排版

②重复（图 2-23）。重复是指在 H5 页面设计中一些基础元素可以重复使用，如颜色、形状、空间关系、字体、图片及一些几何元素等，这样可以增加页面的条理性和整体性，降低用户认知的难度。重复原则不仅限于单个页面，整个 H5 作品都应力求以重复、统一的呈现方式。

图 2-23 重复排版

③对比（图 2-24）。对比就是要避免 H5 页面中的元素过于相似。对比可以将页面元素的重要层次划分出来，使页面内容的展示更有条理，同时可以丰富 H5 页面中的内容层级，使整体内容一目了然。利用对比原则能够更准确地传达信息，让内容更容易被用户找到并记住。如果想让对比效果更明显，在进行色彩搭配时就一定要大胆，不要让两种颜色看起来差不多。

④亲密性（图 2-25）。所谓亲密性，就是把 H5 页面中的元素进行分类，将在内容或逻辑上相互有关联的元素组合在一起，形成视觉单元，实现页面信息的组织性和条理性。同时，还要注意不要在这些元素中间留出太多的空白，并且视觉单位之间也要建立某种联系。

（3）可视化页面信息（图 2-26）。在设计 H5 页面版式时，一定要考虑内容的易读性。用户对图形的理解比文字更高效，适当地使用图形可以增加内容的易读性和设计感。将文字表达图形化，可以让信息变得简明、清晰。可视化的图形可以将说明、标题、数值等这类生硬的内容以比较柔和的方式呈现出来。

图 2-24　对比排版　　　　图 2-25　亲密性排版　　　图 2-26　可视化版面设计

（4）适当地留白（图 2-27）。在 H5 版式设计中，不仅有文字和图片的版式设计，留白也是页面版式设计必不可少的部分。所有的留白都要有明确的目的，以控制页面的空间构成。留白空间不一定是白色的，也可以是其他颜色或纹理，它是任何与背景相同的空间。在 H5 页面版式设计中，通过留白可以赋予页面轻、重、缓、急的变化，也可以营造出不同的视觉氛围。通过留白来改变版式结构，再配合版式设计的四大原则，可以得到不同的排版效果。

（5）保持页面视觉平衡（图 2-28）。在一个平面上，每个元素都是有"重量"的。同一个元素，颜色深的比颜色浅的重，面积大的比面积小的重。这些视觉上的感觉称为视觉重量。视觉重量的大小主要通过对比产生，如视觉元素的大小、明暗、形态、纹理对比都能对视觉重量产生影响。视觉元素在画面中的视觉重量对画面平衡的影响很大，只要通过对元素位置、视觉重量进行适当调整，就可以达到页面视觉平衡。

（6）运用插画（图 2-29）。现如今互联网产品越来越注重用户体验和情感化的设计，插画在设计中的运用越来越多。插画有多种多样的表现形式，如扁平插画、肌理插画、手绘插画、MBE 插画、渐变插画、立体插画和描边插画等。

图 2-27　留白版面设计　　图 2-28　保持视觉平衡版面设计　　图 2-29　运用插画进行排版

3. H5 页面图片设计

（1）提高或降低图版率（图 2-30）。H5 页面中图片所占的比率称为图版率。通常情况下，提高图版率会使 H5 页面充满活力，富有感染力；而降低图版率会给人一种宁静、典雅的感觉。当 H5 页面的内容比较少时，若想提高图版率可以使用色块或抽象化元素模拟现实存在的物体，如电影票、信封、书本、纸张、优惠券、便签等，这样可以使页面更友好，同时也能减少空洞的感觉。

图 2-30　低图版率和高图版率

（2）使用全图和局部细节图片（图 2-31）。使用全图是指让 H5 页面中的图片占据整个屏幕，这样会让页面显得饱满、完整、有张力。在使用全图时，应当选用带有视觉重心的图片；还有一种情况是将全图当作背景，如果背景图片干扰到页面信息的显示时，就需要对其进行弱化处理，如调整图片亮度、添加蒙版、模糊处理等。很多图片看上去视觉冲击力较弱，主要是因为图片本身的细节感不强；如果将图片局部细节部分裁剪出来放大，就容易让用户看清楚细节，在视觉上的冲击力也会增强。在细节表达方面，要有带动感，细节的呈现是对产品的自信，也能让用户产生信任感。需要注意的是，细节图要贴合产品文案，以展现产品的质感。

（3）使用图标（图 2-32）。相对文字而言，图标能以一种更高效的方式将设计人员想要传递的信息进行浓缩，不仅使信息易于识别，还能让页面更加简洁、美观，更有利于排版。H5 中常用的交互图标包括音乐、跳过、关闭、返回、点击、长按、滑动、摇一摇、转动手机等；其中，音乐图标一般位于页面的右上方，在设计音乐图标时，最好能设计成符合 H5 主题的样式。对于 H5 页面中的非交互图标，在设计时应保证图标风格的统一性，在图标风格一致的基础上，还要保证图标类型及外观的一致性。此外，在设计图标时应让图标视觉大小保持一致，而不是让它们的长宽属性保持一致。要解决图标的视觉大小不一致的问题，就要对它们的尺寸进行必要的调整。

（4）压缩图片大小。在制作 H5 时，为了节省网站的存储空间，节省服务器宽带流量，加快网页的加载速度，一般需要对 H5 页面中的图片进行压缩处理。一般来说，可以使用 Photoshop 进行图片的压缩，但有时用 Photoshop 压缩后的图片尺寸依然较大，并不适合使用，这时就需要借助其他压缩工具，如智图、TinyPNG、JPEGmini 等。

图 2-31　局部细节和使用全图　　　　　图 2-32　使用图标设计

4. H5 页面设计中常用的配色方案

（1）三阶配色方案（图 2-33）。

第一阶：确定主色。在 H5 页面设计中，色彩是表现页面氛围的关键元素，特别是主色调。主色是占据页面色彩面积最多的颜色，以背景色进行展现。由于主色面积占比较大，所以无论使用冷色还是暖色，都应避免亮度过高，颜色尽可能不要过于艳丽。此外，在页面设计过程中，有时会出现画面呆板的问题，为了突出主色调，又不失作品的沉稳感，可以采取一些手段加以改善，例如，基于主色加入一些纹理、渐变等元素来产生色彩的变化，以此来丰富色彩的层次感。

第二阶：确定辅助色。辅助色的面积占比仅次于主色，要根据 H5 主色和不破坏 H5 页面氛围的原则，以及要紧密结合 H5 整体页面效果来确定辅助色。辅助色常被应用于主元素中，其应用数量不是固定的，有时仅用一种辅助色，有时会用多种辅助色。对于 H5 页面中的主元素（如大标题），辅助色可以选取与背景相接近的同色系，这样既能突出主题，在整体感观上也比较和谐、统一。因此，无论采用几种辅助色，都要结合整体页面效果进行设计，这样才能不干扰主色。

第三阶：适当添加点缀色。点缀色在 H5 页面中起点缀、修饰的作用，虽然它在 H5 页面中的面积占比最小，但如果应用得当，往往能够增强用户的视觉体验感，起到画龙点睛的作用。例如，H5 页面中可点击的按钮和图标的设计通常都会使用该方法。为了使图形更加突出，设计人员经常会选取与其他颜色有较大反差的点缀色。

（2）多色调搭配方案。

①互补色搭配。互补色是色相环（图 2-34）上相对的两个颜色（角度相距 180°），常见有橙色对蓝色、黄色对紫色及红色对绿色，这种颜色之间的强烈对比在高纯度的情况下往往会引起色彩的颤动和不稳定感，在配色时一定要处理好这种情况，否则会出现画面冲突并破坏整体效果的情况。由于互补色搭配的不稳定性和特殊性，所以在正式的设计中较为少见。但在各种色相搭配中，互补色搭配无疑是一种最突出的搭配，如果想让 H5 作品引人注目、充满力量和活力，具有强烈的视觉冲击力，那么互补色搭配无疑是最佳的选择。

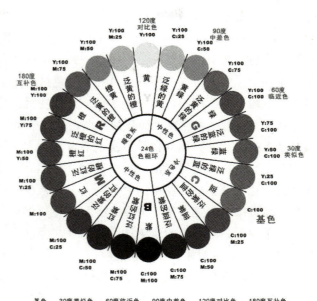

图 2-33　三阶配色　　　　　　　图 2-34　24 色色相环

②近似色搭配。色相环上距离较近（角度相距 90°范围内）的颜色搭配被称为近似色搭配，也称类似色搭配。一般这些颜色相搭配会显得平静而舒服。对于眼睛来说，近似色搭配是最舒适的色彩搭配方式。在使用近似色搭配时，一定要适当地加强对比，否则画面会显得比较平淡。

③三角形搭配。三角形搭配是在色环上等距地选出三种颜色进行搭配的方式，即在 H5 页面中使用了低饱和度的色彩，利用三角形搭配使画面具有生动感。在使用三角形搭配时，要选出一种颜色作为主色，另外两种颜色作为辅助色。

④分裂互补色搭配。分裂互补色搭配是互补色搭配的一种变体，其本质是使用类似色来代替互补色的一种，以达到既有互补色搭配的优点，又能弥补互补色搭配的弱点。分裂互补色的对比非常强烈，但它并不会像互补色搭配那样令人产生颤抖和不安的感觉。对于初学者来说，分裂互补色搭配是一种非常好用的色彩搭配方式，这样搭配出来的画面对比强烈，且不易产生色彩混乱的感觉。

⑤矩形搭配。矩形搭配又称双分裂互补色搭配，是互补色搭配的一种变体。相比分裂互补色搭配，这种搭配方式把各种颜色都替换成类似色。矩形搭配的色彩非常丰富，能够使画面产生节奏感，当其中一种颜色作为主色时，这种搭配就能获得良好的效果。需要注意的是，在矩形搭配中需要注意色彩冷暖的对比。

⑥正方形搭配。正方形搭配是指在正方形搭配中，四种色彩被均匀地分布在整个色彩空间中。当其中一种颜色作为主色时，这种搭配能够获得最好的效果。与矩形搭配一样，使用这种搭配方式也要注意色彩冷暖的对比。

5. H5 页面色彩设计策略

（1）H5 页面色彩的整体布局（图 2-35）。H5 的页面色彩风格取决于色彩的整体布局，这要求设计人员在明确主色的基础上，再确定辅助色与其他元素的搭配。为了达到更突出的视觉效果，有时甚至可以采用颠覆性的色彩搭配，如冲撞色、红绿搭配、黑白搭配等。

在进行H5页面色彩的整体布局时，首先，保持整体风格的统一，如果企业有自身的企业识别系统（Corporate Identity System，CI）形象，H5设计最好沿袭这个形象，选取与CI形象一致的主色作为页面背景，带给用户一致的认同感，有利于企业形象的树立；其次，要避免画面拘谨、呆板，可以利用近似色和邻近色搭配来丰富页面效果；再次，点缀色的数量不宜过多，点缀色的面积小，通常会零散地分布在页面中，利用点缀色能够让页面丰富起来；最后，如果H5页面中存在大面积的留白，能够带给用户精致、干净的视觉感受，但这往往考验设计人员对页面整体的把控力及创造力。

（2）色彩是页面主题氛围传达的关键。在H5作品中，影响页面氛围的因素有很多，色彩无疑是传达主题氛围的关键因素之一。因此，色彩作为主题氛围传达的"使者"，如果使用不当，就难以清晰地表达H5的主题。

（3）重视用户对色彩的情感体验。通常，冷色系会降低情感的刺激，暖色系会增强情感的刺激（图2-36）。例如，在色彩的应用上，社交类App的品牌标志（LOGO）的颜色多是蓝、绿等冷色系颜色，如微信、QQ和钉钉等；而电商类App的品牌LOGO的颜色多是橙、红、黄等暖色系颜色，如淘宝、京东和苏宁易购等。社交类软件主要用于信息传达和交流，调性上需要沉稳、舒适和安全等感受，如微信会使用绿色，是因为绿色能够给人自然、舒适的感受，就像生活中那些安静的绿色植物。在H5设计中，页面氛围传达与品牌LOGO的企业形象表达是同样的道理，色彩冷暖的选择要符合H5想要给用户传达的心理感受，设计者可以根据主题类别进行选择。

图 2-35　整体布局

图 2-36　冷色系设计和暖色系设计

6. H5页面文本设计

（1）标题的格式。在H5页面文本设计中，要控制标题的字数，标题尽量用一句话说明，且不要换行。如果确实需要换行，可以用两句话来说明，且中间只添加一个标点，标点越多越不利于用户解读标题的含义。对于标题中需要强调的信息，可以通过加粗、改变字体颜色等来凸显关键字。在标题中不要添加不符合主题的奇怪符号，否则不仅不会增加阅读乐趣，还会影响用户对标题的理解。

（2）标题的设计（图 2-37）。有时为了让标题更加突出，会增大标题的字号，这样虽然在页面中突出了标题，却失去了美观。要想解决这个问题，除尽量选择比较美观的字体外，还要进行一些必要的设计。

①将标题的字间距调紧一些，使其看上去更紧凑。
②增加一个副标题，使其具有明显的反差。
③在标题上添加一些装饰元素，如线框、英文、三角或其他图形。
④将标题中的某个文字或词语图形化。
⑤为标题添加一些辅助性的图形，使其显得更加有趣、生动。
⑥为标题添加投影、底色、背景图片等。

图 2-37　标题强调设计

（3）控制正文信息量。由于手机屏幕大小有限，H5 正文的字数一定要尽量压缩，将关键的信息提取出来并集中展示即可。若要展示的信息量很大，可以将其进行多页展示，并将内容进行可视化处理，或增加页面的层级，点击按钮后在展开的浮窗中显示详细的信息。

（4）设置字体。在一个 H5 作品中，使用的字体尽量不要超过 3 种，可以为中文设置一种字体，为英文设置一种字体。如果想多使用一种字体来营造对比反差，可以先通过改变字体字号、颜色、字母大小写，以及加粗和改变位置等方法来实现。在字体的选择上，建议使用无衬线类字体（如苹果丽黑、思源黑体、兰亭黑体等）作为正文字体，少用花哨、复杂的字体。合理的方式是使用字体本身的字重来控制字体粗细，如苹方、STHeiti、Helvetica Neue 等字体本身提供 Light、Regular、Medium 等多种字重选择（图 2-38）。

图 2-38　字体设计

（5）设置正文字号和颜色。H5 的正文内容最好使用同一字号。一般来说，移动端 H5 的正文字号范围为 14～20 px，例如，微信界面中的字号为 17 px，而聊天窗口中默认的字号为 15 px。如果对字号的大小不敏感，还可以通过控制每行的字数来设置所需的字号。

在设置文本颜色时，建议不要使用高饱和度的颜色，因为高饱和度的颜色容易引起视觉疲劳，而中、低饱和度的颜色不会。正文字体最好不要使用彩色，可以选择黑、白、灰这些没有色相的颜色，容易与背景色进行搭配。文字的颜色一般不使用纯黑色，因为纯黑色的饱和度比较高。

（6）设置间距。设置间距是指设置文本的字间距、行间距及边距等。设置这些间距就是要留下足够的空间给用户，使其阅读起来不会觉得困难。进行阅读时人的眼睛是呈 Z 形的，有一个视域范围，通过设置间距可以将文本控制在视域范围之内，阅读起来就会更轻松。

(7）设置对齐方式。对齐方式包括左对齐、右对齐、居中对齐、两端对齐及其他的特殊对齐方式。在进行 H5 页面文本设计时，应根据实际情况选择对齐方式，如果全是短句，可以采用居中对齐的方式，行距也要拉大；在多数情况下，采用的是左对齐或两端对齐，两端对齐可以使每行文本占据的空间相等，两侧不会有起伏边。

(8）添加文字装饰（图 2-39）。在设计正文文本时，可以根据页面内容的主题适当添加一些装饰元素，如项目符号、图标、图形等，但这些元素不要过于抢眼，起到辅助装饰作用即可，否则就会喧宾夺主，效果反而不好。如果觉得 H5 页面不够饱满，还可以插入一张符合 H5 主题的图片作为装饰。

(9）设置文字层级。对于 H5 页面中的文字，设计师可以通过对字体、字号、粗细、颜色、间距等的对比，让页面中的文字层级更加清晰。

图 2-39　添加文字装饰

十、制作 H5 的常用软件

制作 H5 的常用软件（图 2-40）如下。

1. 人人秀

人人秀是用于设计 H5 页面、微信活动、粉丝活动的 H5 设计工具。通常，还被用来生成 PPT，它在营销方面具有非常出色的表现。与竞争对手相比，该平台提供了易于使用的页面编辑功能，同时，在不同元素之间提供了出色的交互性。同样重要的是人人秀有着更多的附加功能，包括艺术字体、红色信封密码等。人人秀每个模板都是独特设计的，可确保满足用户的日常

图 2-40　制作 H5 常用软件

需求，用户还可以根据自己的营销策略来定制 H5 页面。其优点是互动性强、易于使用的平台、精美的模板选择、多平台适用、操作简单，入门不超过 1 分钟，不需要大量的设计专业知识。

2. 秀米编辑器

秀米编辑器是一款专用于微信平台公众号的文章编辑工具，秀米编辑器拥有很多原创模板素材，排版风格多样化、个性化。秀米编辑器可以设计出专属风格文章排版。秀米编辑器还内置了秀制作及图文排版两种制作模式，页面模板及组件更丰富多样化。

3. 易企秀

易企秀是一款针对移动互联网营销的手机网页 DIY 制作工具，用户可以编辑手机网页，分享到社交网络，通过报名表单收集潜在客户或其他反馈信息。

用户通过易企秀，无须掌握复杂的编程技术，就能简单、轻松地制作基于 H5 的精美手机幻灯片页面。同时，易企秀与主流社会化媒体打通，让用户通过自身的社会化媒体账号就能进行传播，展示业务，收集潜在客户。易企秀提供统计功能，让用户随时了解传播效

果，明确营销重点、优化营销策略；易企秀还提供免费平台，用户零门槛就可以使用易企秀进行移动自营销，从而持续积累用户。

易企秀适用企业宣传、产品介绍、活动促销、预约报名、会议组织、收集反馈、微信增粉、网站导流、婚礼邀请、新年祝福等。

4. MAKA

MAKA 是一个专注企业级服务的工具，为企业提供搭建社交媒体数字营销的服务。其包括企业形象宣传、产品展示、数据可视化展示、活动报名、时下流行的创意点，满足企业对于信息发布的需求。MAKA 为企业提供新媒体营销领域商业效率的提升和自营销管理解决方案的服务，其涵盖 H5 设计、单页（长图文）设计和海报设计的在线创作功能，用户简单拖曳即可完成邀请函、促销广告、活动宣传、招聘招生、节日贺卡等的内容设计。

5. 兔展

兔展作为免费的 H5 页面生成平台，最大程度简化用户展示创意的方式。用户只需通过 PC 端简单操作兔展，便可将图文、音乐、动画等多种要素融为一体，制作成个性化的专属展示，并随时监测推广传播效果。兔展通过新颖的展示效果、强大的交互功能，直击用户的传播需求。兔展充分利用移动互联网技术和传播规律，运用有技术、懂传播的 H5 页面生成平台，打破移动营销的门槛，让任何一位接触到兔展的用户都能成为 H5 设计师，真正实现移动营销零门槛。

课前自测

一、单选题

1. 不属于微信订阅号的内容写作原则的是（　　）。
  A. 精简原则　　　　　　　　B. 时效性原则
  C. 个性原则　　　　　　　　D. 互动性原则
2. 在选择微信公众号时，如果想简单地发送消息，达到宣传效果，可选择（　　）。
  A. 服务号　　　　　　　　　B. 订阅号
  C. 小程序　　　　　　　　　D. 企业微信
3. 以下图文编辑软件不具有 H5 页面的是（　　）。
  A. 易企秀　　　　　　　　　B. 微信编辑器
  C. 135 微信编辑器　　　　　D. 秀米编辑器
4. 软文狭义的定义是指企业花钱在报纸或杂志等宣传载体上刊登的（　　）的广告。
  A. 纯图片性　　　　　　　　B. 图文结合
  C. 纯文字性　　　　　　　　D. 非文字类
5. 不属于软文的特点的是（　　）。
  A. "软"　　　　　　　　　　B. "新"
  C. "准"　　　　　　　　　　D. "狠"
6. 软文的常见类型中，活动宣传型软文不包括（　　）。
  A. 活动宣传软文　　　　　　B. 活动预热软文
  C. 活动主题软文　　　　　　D. 活动总结软文

7. 在设计 H5 页面时，一个页面中的元素层级关系最好不要超过（　　）个。

A. 1　　　　　　　　　　　　　B. 2

C. 3　　　　　　　　　　　　　D. 4

8. 在 H5 页面设计中一些基础元素可以重复使用，如颜色、形状、空间关系、字体、图片及一些几何元素等，这样可以增加页面的条理性和整体性，降低用户认知的难度。以上说的是 H5 页面设计中的（　　）排版形式。

A. 对齐　　　　　　　　　　　B. 重复

C. 对比　　　　　　　　　　　D. 亲密性

二、多选题

1. 微信公众平台的账户类型包含（　　）。

A. 订阅号　　　　　　　　　　B. 服务号

C. 企业微信　　　　　　　　　D. 小程序

2. 软文的常见类型中，产品分析型软文可以从（　　）几个方面入手。

A. 挖掘产品亮点　　　　　　　B. 进行产品体验

C. 产品的用处　　　　　　　　D. 产品深度评价

3. H5 营销的特点有（　　）。

A. 跨平台　　　　　　　　　　B. 低成本

C. 用户黏性高　　　　　　　　D. 高传播

4. 以下选项中，属于 H5 应用场景的有（　　）。

A. 商业促销　　　　　　　　　B. 互动活动

C. 活动邀请　　　　　　　　　D. 电商引流

三、判断题

1. 微信订阅号 1 个自然月内可发送 4 条群发消息。（　　）

2. 如果产品记录型软文更多的是说产品做了什么及产品做成了什么，那么产品分析型软文更重要的是偏向于产品本身到底怎么样。（　　）

3. 对比就是要避免 H5 页面中的元素过于相似。（　　）

4. 在 H5 页面版式设计中，不仅有文字和图片的版式设计，留白也是页面版式设计必不可少的部分。（　　）

四、简答题

1. 简述图文视觉风格编辑规则。

2. 简述撰写商品软文的方法与技巧。

3. 就 H5 页面设计来说，常用的配色方案有哪些？请简要说明。

参考答案

------ 课中实训 ------

任务一　为某品牌公众号撰写一篇图文软文

【任务描述】

小陶是电子商务专业毕业的一名大学生,在 A 新媒体技术有限公司运营部已经上班两个月了,经过这两个月的学习,小陶对于新媒体电商行业有了基础认识。运营部组长给她布置了一个任务:使用秀米图文编辑软件为某品牌公众号撰写一篇图文软文,对该品牌进行图文推广,体现企业的品牌形象与文化内涵,实现商业价值。

本任务我们将与小陶一起来完成某品牌公众号的图文软文撰写工作。

【任务目标】

1. 能够写出软文的特点、类型及公众号图文软文写作原则。
2. 能够使用秀米图文编辑软件为某品牌公众号撰写一篇图文软文。

【任务需求】

1. 计算机。
2. 良好的网络环境。
3. 秀米官方网站 https://xiumi.us。

【任务实施】

步骤1:利用网络搜集相关品牌信息,确定自己要分析的品牌公众号。

步骤2:根据自己选择的品牌定位及公众号特点,分析品牌的目标用户,并填写表 2-3。

表 2-3　目标用户分析表

分析角度	具体特征	用户画像
固定属性		
用户路径		
用户场景		

步骤3:根据用户群体定位收集图片和文字,整理写作思路,组织写作内容。以思维导图的形式输出本次图文作品构思的整体过程,并完成表 2-4。

表 2-4 图文推广构思思维导图

思维导图截图	

步骤 4：根据写作思路设计图文内容并完成表 2-5。

表 2-5 设计图文内容

标题	
开头内容	
图文正文	
结尾内容	

步骤 5：进入"秀米"官方网站 http：//xiumi.us，注册登录后，单击"我的秀米"按钮，进入设计界面，选择"我的图文"，如图 2-41 所示，单击"新建一个图文"按钮，进入图文编辑页面，对于新手来说，可以选择现成的图文模板进行编辑设计，如图 2-42 所示。可单

击"更多"按钮进入模板素材区,根据喜好选择合适的素材,再更改为自己所需的内容即可,如图 2-43 所示。将编辑完成的图文内容在公众号平台上发布并完成表 2-6。

图 2-41　秀米设计页面

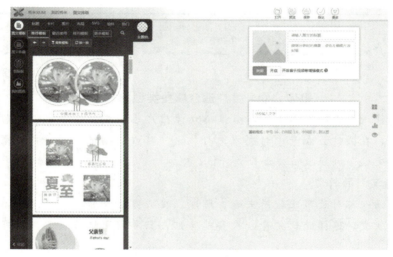

图 2-42　图文编辑界面

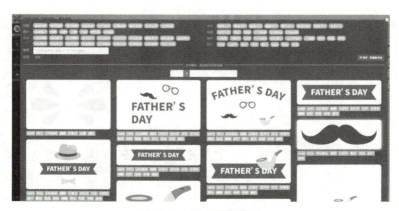

图 2-43　更多模板类型

表2-6　图文排版与发布

标题	
网址	
发布后的图文截图	

> **知识拓展**
>
> **微信公众号推广适合哪些类型的软文？**
>
> 现如今使用微信的人非常多，微信公众号推广已经成为当下比较热门的一种软文推广方式，在微信公众号中对文章进行推送，可以达到很好的推广效果，那么哪些类型的软文适合利用微信公众号进行推广呢？
>
> 1. 故事类型的软文
>
> 大多数的人都对故事比较感兴趣，所以，在微信公众号推广软文时，可以选择故事类型的软文，这样的软文受众人群非常广，只要故事情节精彩，就能够吸引人们去阅读。
>
> 2. 知识传播类型的软文
>
> 微信公众号推广时，有不少软文是以介绍知识为主的，这样的软文需要有一定的接受能力，这类软文是面向一定人群的，如果这种类型的软文写得很成功，那么传播的效果也是非常好的，而且收到的效果是卓越的。
>
> 3. 新闻稿件类型的软文
>
> 还有一些以新闻稿件为主的软文，这类软文在微信公众号推广时，主要向人们介绍企业文化或推广产品，这类文章的受众人群是非常少的，推广的效果也不是特别好。
>
> 适合微信公众号推广的软文有多种类型，人们要根据推广的需求，选择适合的软文类型。

任务二 撰写商品试用软文（含商品图片）

【任务描述】

小范是一位暂住异地的小红书平台知名分享博主，账号拥有众多粉丝，平时推广产品都是以分享自己使用感受为主。由于她回老家探亲，有一个试用推广软文还没有撰写，商品在合租的房子里，眼看甲方规定的期限到了，小范委托室友小黄帮忙撰写并发布软文。

作为室友的小黄没有接触过小红书，小黄急得不知所措，本任务我们将帮助小黄撰写这篇试用软文，带她认识小红书，教会她撰写试用软文的方法与技巧。

【任务目标】

1. 能够说出撰写商品软文的方法与技巧。
2. 能够独立撰写一篇商品试用软文。

【任务需求】

1. 手机。
2. 小红书 App。
3. 良好的网络环境。

【任务实施】

步骤1：打开小红书 App，先勾选同意《用户协议》，再选择喜欢的登录方式登录即可，如图 2-44、图 2-45 所示。

图 2-44 勾选同意用户协议

图 2-45 选择登录方式

步骤2：单击页面下方正中间的红色加号新建笔记，如图2-46所示。

步骤3：选择相册内事先拍摄好的商品图片或现场拍照添加商品试用图片，然后单击页面右下角"下一步"按钮，如图2-47所示。

步骤4：根据选择的商品编写标题及文字部分，编写完成后，单击页面下方"发布笔记"按钮即可发布，如图2-48所示。

图 2-46　新建笔记　　　　图 2-47　选择商品试用图片　　　　图 2-48　编写标题及文字部分

知识拓展

小红书

小红书是一个生活方式平台和消费决策入口，创始人为毛文超和瞿芳。小红书通过机器学习对海量信息和人进行精准、高效匹配。小红书旗下设有电商业务，2017年12月，小红书电商被《人民日报》评为代表中国消费科技产业的"中国品牌奖"。

截至2019年7月，小红书用户数已超过3亿；截至2019年10月，小红书月活跃用户数已经过亿，其中70%新增用户是90后。在小红书社区，用户通过文字、图片、视频笔记的分享，记录了这个时代年轻人的正能量和美好生活，11月，小红书宣布推出创作者123计划，将推出品牌合作平台、好物推荐平台和互动直播平台，从创作者中心、活动和产品三个方面帮助创作者。

2020年1月，小红书创作者中心正式上线，粉丝数量超过5 000、在过去6个月发布过10篇或以上自然阅读量超过2 000的笔记且无违规行为的用户，都可以在App内申请创作者中心使用权限。

2021年4月，小红书《社区公约》上线，从分享、互动两个方面对用户的社区行为规范作出规定,要求博主在分享和创作过程中如受商家提供的赞助或便利,应主动申明利益相关。

2022 年 2 月 17 日,小红书宣布已启动新一轮虚假种草治理。本轮治理将医美品类作为重点整治对象,首批已处置违规笔记 27.9 万篇,处罚违规账号 16.8 万个。

2022 年 9 月 14 日,小红书在创作中心"规则百科"上线《小红书未成年人内容管理规范》,强调对七大类涉及未成年人的内容加强管理,保障未成年人安全使用社区产品。

小红书从诞生伊始就根植于用户信任,因为无论是从正品、送货速度,还是外包装上,缔造用户信任、创造良好的用户体验是其一贯坚持的战略。

任务三　制作图文信息 H5 海报

【任务描述】

小陶得知公司运营部新接到一个营销推广任务,需要帮助一个甲方公司制作年会庆典邀请函 H5 页面。运营部将这项任务下达给小陶的团队,要求运用易企秀制作 H5 邀请函。小陶接到任务后,对这份具有挑战性的任务非常期待,她希望通过本任务,好好学习易企秀 H5 海报制作与设计的相关知识。

【任务目标】

1. 能够应用 H5 图文设计的基本方法。
2. 能够使用易企秀进行 H5 邀请函的设计。

【任务需求】

1. 计算机、手机。
2. 下载易企秀 App。
3. 良好的网络环境。

【任务实施】

步骤 1:易企秀的注册和登录。易企秀在计算机上操作起来非常方便,也可以在手机端下载。打开易企秀官方网页 https://www.eqxiu.com/进入首页,单击页面右上角登录或注册,也可以通过第三方平台登录,如微信、QQ 等,如图 2-49 所示。

图 2-49　易企秀的注册和登录

步骤2：创建免费模板。单击"免费模板"按钮，选择电子邀请函里面的"年会邀请函"，然后选择一个合适的H5邀请函免费模板，再单击"免费制作"按钮，如图2-50~图2-52所示。

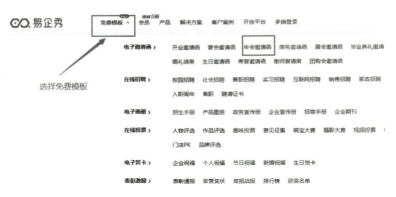

图2-50　选择免费模板

图2-51　选择合适的模板

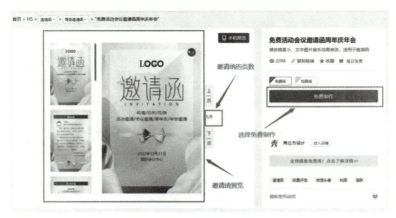

图2-52　免费制作页面

步骤 3：年会邀请函 H5 图文制作。

（1）进入图文制作页面，页面中间部分就是编辑区，编辑区上方由文本、图片、音乐、视频、组件、智能组件、特效菜单组成基本编辑菜单。页面左边部分是由图文、单页、装饰、艺术字等内容组成的内容模板，右边部分是页面和图层管理区，可针对页面和图层进行设置、编辑与管理等操作（图 2-53）。

（2）选择右侧页面管理，选择第一个页面，点击修改，进入自定义品牌加载页，在自定义品牌加载页设置中分别单击更换 LOGO、添加动画效果、更换背景色等操作，操作完成后单击"保存"按钮（图 2-54、图 2-55）。

（3）选择页面管理中的第二个页面，依据需要在图片右侧对页面执行复制当前页面、删除当前页面、设置当前页面翻页、存为我的模板等命令，如图 2-56 所示。

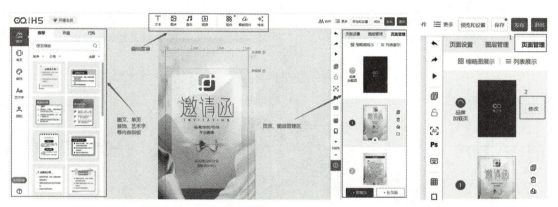

图 2-53　图文制作页面　　　　　　　　图 2-54　页面修改

图 2-55　设置品牌加载页

图 2-56　页面的编辑

（4）单击页面中的"图层管理"按钮，选择需要编辑的图层，对图层进行样式、文字、动画、触发编辑，如图 2-57 所示。

（5）选择页面管理中的第三个页面，依据需要在图片右侧对页面进行文案的编写，以及字体、字号、文本颜色、边框等选项的编辑，如图 2-58 所示。

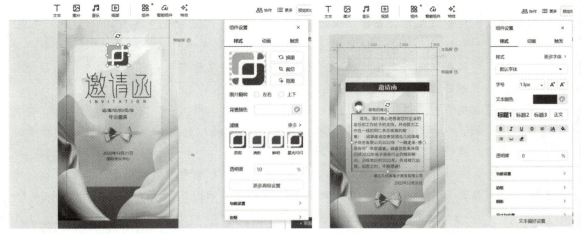

图 2-57　图层样式的编辑　　　　图 2-58　文本的编辑

运用以上操作方法对其他 4 个页面进行相关编辑操作，如图 2-59～图 2-62 所示。

图 2-59　活动流程　　　图 2-60　公司介绍　　　图 2-61　回执单　　　图 2-62　活动详情

步骤 4：预览和发布年会邀请函。执行"预览和设置"命令进入预览页面，可以预览邀请函的最终效果，单击"发布"按钮，然后选择"分享设置"，再单击复制链接即可分享到微信、QQ 等平台，如图 2-63～图 2-65 所示。

图 2-63　预览效果

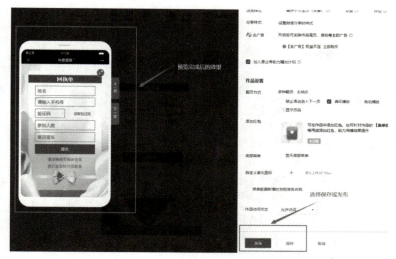

图 2-64　发布作品

图 2-65　分享作品

知识拓展

海报与 H5 页面的区别是什么？

海报是一种传达信息的艺术，是大众宣传的工具。与 H5 页面相比，海报设计具有更强的艺术感染力，它要充分调动意象、色彩、构图、形式等要素，形成强烈的视觉效果；海报画面要有较强的视觉中心，要力求新颖、单纯，还要有独特的艺术风格和设计特色。

海报也称招贴画，就是贴在街面墙上，挂在橱窗上的巨幅画，以其引人注目的画面吸引路人的注意，一般的海报通常都带有告示性，所以主题要清楚、突出、一目了然，并对时间、地点、附注等主要内容进行概况，用简明的语言表达出来。

项目评价

学生自评表

序号	知识点	达标要求	学生自评	
			达标	未达标
1	微信公众平台的几种类型	1. 能够描述什么是微信公众平台 2. 能够说出微信公众平台的四种类型 3. 能够描述微信公众号的优势		
2	微信公众号的基础功能和选择方法	1. 能够描述微信公众号的基础功能 2. 能够说出微信公众号的选择方法		
3	软文的定义、特点及常见类型	1. 能够说出什么是软文 2. 能够说出软文的特点 3. 能够描述软文的常见类型		
4	撰写商品软文的方法与技巧、商品试用软文的配图要点和技巧	1. 能够描述撰写商品软文如何抓住热点、提高内容质量及关键词的使用等的方法和技巧 2. 能够说出商品软文配图的技巧 3. 能够描述商品试用软文配图要点		
5	微信公众号图文软文写作原则及微信公众号内容的编辑发布	1. 能够说出微信公众号图文软文写作原则 2. 能够描述微信公众号内容的编辑发布		
6	H5的定义、应用场景、应用类型及H5营销的特点	1. 能够说出H5的定义 2. 能够说出H5的应用场景 3. 能够说出H5的应用类型 4. 能够描述H5的营销特点		
7	H5图文设计的方法与技巧	1. 能够说出H5页面风格设计 2. 能够描述H5页面版面设计和图片设计 3. 能够说出H5页面设计中常用的配色方案和设计策略		
8	制作H5的几种常用软件	1. 能够说出制作H5的常用软件 2. 能够说出制作H5的几种常用软件的区别		

序号	技能点	达标要求	学生自评	
			达标	未达标
1	使用秀米编辑器为某品牌公众号撰写一篇图文软文	1. 语句通顺，图文排版合理 2. 品牌用户群体定位精准 3. 视觉风格符合品牌要求		
2	撰写商品试用软文	1. 能够说出软文的类型 2. 能够撰写符合商品试用软文要求的软文		
3	使用易企秀进行H5邀请函设计	1. 能够说出撰写商品软文的方法 2. 能够说出撰写商品软文的技巧 3. 创意新颖，效果好		

续表

序号	素质点	达标要求	学生自评	
			达标	未达标
1	敏锐的洞察能力	1. 具备敏锐的观察力 2. 善于搜集有用的资讯和好的思路、想法		
2	较强的沟通表达能力	1. 语言表达清晰 2. 能够流利地表达自己的观点 3. 能够善于倾听他人观点		
3	独立思考能力和创新能力	1. 遇到问题能够做到独立思考与分析 2. 能够找到问题的解决办法 3. 具有一定的创新思维能力		

教师评价表

序号	知识点	达标要求	教师评价	
			达标	未达标
1	微信公众平台的几种类型	1. 能够描述什么是微信公众平台 2. 能够说出微信公众平台的四种类型 3. 能够描述微信公众号的优势		
2	微信公众号的基础功能和选择方法	1. 能够描述微信公众号的基础功能 2. 能够说出微信公众号的选择方法		
3	软文的定义、特点及常见类型	1. 能够说出什么是软文 2. 能够说出软文的特点 3. 能够描述软文的常见类型		
4	撰写商品软文的方法与技巧及商品试用软文的配图要点和技巧	1. 能够描述撰写商品软文如何抓住热点、提高内容质量以及关键词的使用等的方法和技巧 2. 能够说出商品软文配图的技巧 3. 能够描述商品试用软文配图要点		
5	微信公众号图文软文写作原则及微信公众号内容的编辑发布	1. 能够说出微信公众号图文软文写作原则 2. 能够描述微信公众号内容的编辑发布		
6	H5 的定义、应用场景、应用类型及 H5 营销的特点	1. 能够说出 H5 的定义 2. 能够说出 H5 的应用场景 3. 能够说出 H5 的应用类型 4. 能够描述 H5 的营销特点		
7	H5 图文设计的方法与技巧	1. 能够说出 H5 页面风格设计 2. 能够描述 H5 页面版面设计和图片设计 3. 能够说出 H5 页面设计中常用的配色方案和设计策略		
8	制作 H5 的几种常用软件	1. 能够说出制作 H5 的常用软件 2. 能够说出制作 H5 的几种常用软件的区别		

续表

序号	技能点	达标要求	教师评价	
			达标	未达标
1	使用秀米编辑器为某品牌公众号撰写一篇图文软文	1. 语句通顺，图文排版合理 2. 品牌用户群体定位精准 3. 视觉风格符合品牌要求		
2	撰写商品试用软文	1. 能够说出软文的类型 2. 能够撰写符合商品试用软文要求的软文		
3	使用易企秀进行H5邀请函设计	1. 能够说出撰写商品软文的方法 2. 能够说出撰写商品软文的技巧 3. 创意新颖，效果好		

序号	素质点	达标要求	教师评价	
			达标	未达标
1	敏锐的洞察能力	1. 具备敏锐的观察力 2. 善于搜集有用的资讯和好的思路、想法		
2	较强的沟通表达能力	1. 语言表达清晰 2. 能够流利地表达自己的观点 3. 能够善于倾听他人观点		
3	独立思考能力和创新能力	1. 遇到问题能够做到独立思考与分析 2. 能够找到问题的解决办法 3. 具有一定的创新思维能力		

课后拓展

【拓展案例】

微博：图文营销的温床

微博是一个可供网民自由选择和交流信息的平台，基于这一特性，众多品牌方会与流量大的微博博主达成合作，发布图文广告进行宣传。如果广告主通过单一地发布品牌硬性广告进行微博营销，不仅对于品牌内涵的深化和宣传毫无作用，还会影响用户的浏览体验，从而使用户从品牌的粉丝圈中流失，显然，这对于微博营销的最终目标与聚拢大多数的品牌消费者是一种背离。

那么，如何创新发布产品、品牌信息，VANCL（凡客诚品）的经验也许可以作为案例借鉴。作为最早"安家"新浪微博的广告主之一，VANCL多年来培育出来的成熟的电子商务实战技巧成就了其作为广告主"围脖"明星的天然优势。在VANCL的微博页面上，可以清晰地看到这家迅速崛起的企业对待互联网营销的老练：一会联合新浪相关用户赠送VANCL围脖；一会儿推出1元秒杀原价888元衣服的抢购活动；一会儿又通过赠送礼品的方式，拉来名人就VANCL的产品进行互动。除此以外，还能看到VANCL畅销服装设计师讲述产品设计的背后故事，看到入职3个月的员工抒发的感性情怀，对于关注话题中检索到的网民对于凡客诚品的疑问，VANCL幕后团队也会在第一时间予以解答。

案例启示：微博的营销效果很难评估，但是相应的投入也很少，一味地投放"硬广"，只会对品牌产生负面影响；反之，如果企业做到在微博上细心经营、针对客户需求、了解客户心理，那么微博对企业形象的构建、品牌内涵的宣扬的意义不言而喻。

想一想：结合VANCL案例思考，如果你是品牌方应该如何最大化利用图文平台的优势？

思政园地

【思政案例】

新媒体从业者如何坚守职业道德？

一个名为《此处故意留白》的H5刷爆了朋友圈，这则没有广告品牌植入、没有作者署名的作品通过展示广告从业人员自身的生活来提醒同行警惕过劳死。略微暗黑的画风、刻意营造压抑的氛围，以及展现出的广告从业人员生活的真实写照刺激着一部分人的神经，被戳中痛点的网友们在发出共鸣的声音之后自觉转发，迅速引起了朋友圈的一阵小高潮，仅凭微信好友转发，在不到短短一天的时间里，UV高达15万。

这个看起来十分有新意的公益广告，却被指抄袭法国的游戏App——Phallaina，SIGMA创始人之一杨亮接受采访时主动提到了这一点："我们在画风上借鉴了一款法国的App——Phallaina，出于这个原因我们没有寻求任何商业合作。"坦率地讲，"借鉴"这个说法有些轻描淡写，从画面对比来看，两者的重合度相当高，无可否认的是，出色的画风才是《此处故意留白》成功的关键（图2-66）。

除此之外，SIGMA从广告人的视角出发来解读"过劳职业"和"熬夜"的主题，一个以公益为出发点的H5所列出的居然全是阴暗面：拥挤的地铁、令人窒息的陌生气味、繁杂的工作、无休止的加班，H5中的主人公犹如一只困兽在生活中苦苦挣扎、看不到希望。

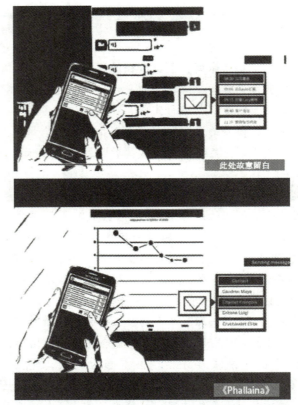

图 2-66　《此处故意留白》与 Phallaina 截图对比

广告看似很虚无，但有极大威力，尤其是作为一则公益广告，这个作品在内容上从头到尾只能看到疲乏、困苦、没有希望，乍看之下，这似乎很容易就戳中大部分人的痛点，却已经忘了这个 H5 出现的初衷是提醒大家谨防过劳死。事件反转前后，大家表达的要么是被戳中痛点，要么是进行批判，一个完完全全被掩盖最初目的的 H5，传播得再广也失去了意义。

请针对上述案例思考以下问题：

在新媒体时代，营销的伦理和职业道德尤为重要，请谈谈你的感想。

项目三

短视频拍摄

项目导读

近些年来,最受欢迎的自媒体当属短视频了,无论是大小厂商,还是各大互联网媒体,都对此十分重视,纷纷推出自己的短视频平台,如抖音、快手等,使广告媒介从图文时代一下就进入了视频时代。

本项目将带领大家一起学习短视频拍摄,认识短视频平台及其规则,分析优质短视频,并确立对标视频、短视频对标模拟拍摄实践、短视频拍摄脚本设计与制作和短视频分镜头拍摄等。

教学目标

知识目标

1. 了解短视频及优质短视频的区别。
2. 了解短视频常见类型、特点及发展趋势。
3. 了解主流短视频平台及平台规则。
4. 熟悉对标短视频的脚本撰写方法及拍摄流程。
5. 掌握短视频脚本撰写的方法,并能够描述短视频脚本撰写注意要点。
6. 掌握短视频拍摄的不同设备的优点及缺点,并能够根据拍摄需求分析所需的拍摄设备和场地。
7. 掌握短视频分镜头拍摄的技巧。

能力目标

1. 能够通过网络搜集到的各大主流平台信息来区别各短视频平台及其规则的异同。
2. 能够根据巨量算数网站平台的数据来辨别和分析优质短视频并确立对标视频。
3. 能够根据要求完成短视频对标模拟拍摄实践。
4. 能够根据要求完成短视频拍摄脚本的设计。
5. 能够根据拍摄要求准备短视频拍摄设备物料清单、场地。
6. 能够根据短视频分镜头设计完成短视频分镜头拍摄。

📌 **素质目标**

1. 具有良好的分析能力和归纳总结能力。
2. 具有良好的沟通能力和团队协作能力。
3. 具有良好的信息素养和学习能力。
4. 具备协同创新能力。

思维导图

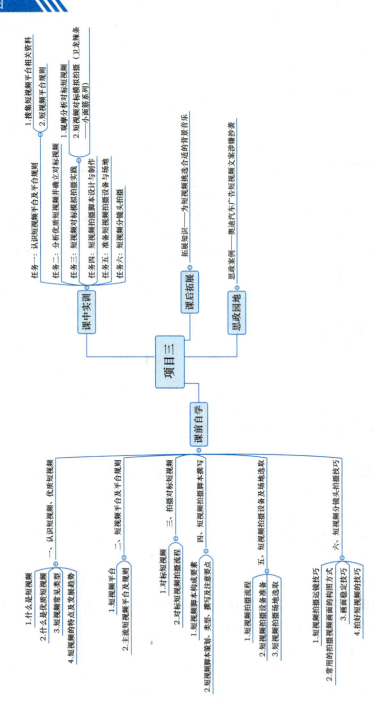

课前自学

一、认识短视频、优质短视频

1. 什么是短视频

短视频即短片视频,是指以新媒体为传播渠道,由用户自主拍摄、剪辑、制作的时长短、可及时传播、内容形式多样的视频,是继文字、图片、传统视频之后新兴的一种内容传播载体。随着智能手机和4G、5G网络的普及,时长短、传播快、互动性强的短视频逐渐获得各大平台、粉丝和资本的青睐。

视频素材

根据中商情报网资讯:短视频行业与新闻、电商和旅游等行业的融合不断深入,短视频平台持续发挥其自身优势,助力乡村经济发展。2020年9月29日,中国互联网络信息中心(China Internet Network Information Center,CNNIC)发布第46次《中国互联网络发展状况统计报告》,数据显示,截至2021年12月,我国的短视频用户规模为9.34亿人,使用率为90.5%。

2. 什么是优质短视频

随着短视频风靡,什么样的短视频是优质短视频?优质短视频具有哪些特质?优质短视频能让观看者产生共鸣,并尽可能让用户获取价值,还能满足大众的各种幻想。

优质短视频也能有着强烈的冲突,何为有强烈的冲突?日常生活中,人们常对于顺理成章的事情不会花太多的心思,因此要学会制造一些"小惊喜",如角色身份的转换、认知的转换,还有剧情的反转。总之,强烈的反差带来的戏剧性和趣味性,会给人们留下深刻的印象。

3. 短视频常见类型

Trustdata《2021年Q1中国移动互联网行业发展分析报告》显示,短视频领域在用户规模、日均启动次数及用户黏性上均已超越综合视频。短视频常见类型有娱乐剧情类、才艺展示类、人物出镜讲解类、人物访谈类、动画类、文艺清新类、技能类、治愈类、录屏解说类等。

(1)娱乐剧情类。娱乐剧情类短视频是视频流量很高且很受欢迎的一类。娱乐剧情类短视频也是最容易出爆款的一类,受众也比较广。娱乐剧情难点在于自己的原创想法,如果能够很好地将吐槽点和娱乐、搞笑点相结合,娱乐剧情的内容则能够引起大多数观众的兴趣。

(2)才艺展示类。才艺展示类短视频是通过展示自己的特长或某一方面的才华吸引用户的关注,如展示自己的歌唱、舞蹈、绘画、手工、演奏乐器等。

(3)人物出镜讲解类。人物出镜讲解类短视频是视频+图片及录屏+解说的形式,有的短视频只需要搜集视频素材、剪辑、配音就可以了,但是人物出镜讲解就不同了,人物出镜除视频剪辑、撰写脚本外,还需要一个出镜的主持人,这个出镜的主持人得有自己的个人魅力,要么颜值高、要么语言风趣等,任何可以吸引用户的点,都可以为讲解类短视频加分。

(4)人物访谈类。人物访谈类短视频是一种常见的视频栏目类型。在拍摄时,人物最好位于画面的2/3处,这是人的视觉最容易捕捉到的视觉中心点,也是最容易凸显人物的一个位置,也给后期留有足够的空余来体现画面。如果有特殊要求也可以把人物放在画面的中心或画面的角落。

根据不同的人物访谈类短视频，访谈环境的布置也要符合主题，首先人物背景必须干净整洁；其次是场景的布置，拍摄人物短视频时，如果是女生，可以把摄像机稍微架高一点，微微的俯拍显得人又高又瘦；如果拍摄的是一位成功人士，可以采用侧面仰拍的机位进行拍摄，这样会体现出对人物的尊敬和地位的尊崇。

（5）动画类。动画类短视频的形式是 MG 动画，现如今市面上比较流行的动画短视频都是 MG 动画的形式，英文全称为 Motion Graphics，直接翻译成中文，意思是动态图形或图形动画。动态图形指的是"随时间流动而改变形态的图形"。简单来说，动态图形可以解释为会动的图形设计，是影像艺术的一种。MG 动画节奏感强，相对来说比较有趣，非常适合应用于科普视频上。日常看到的很多科普视频都是用 MG 动画做出来的。

（6）文艺清新类。文艺清新类短视频虽然尚未形成成熟的创作模式，但其具有鲜明的影像风格，画面低饱和度、低反差，常出现美食、美人、美景等特色创作元素，主导传递美好生活的理念。清新类短视频更适合当代青年表达情绪，记录个人生活的片段，起到治愈的效果。现如今常见于生活网络视频日志（Vlog）、旅拍、航拍和情感短视频。那么如何用小成本拍摄一部清新类的短视频呢？

①巧妙利用自然光线。在创作中，尽量减少对设备的依赖，最大程度地利用周围的环境和景象条件，这无疑是非常考验摄影师的现场应变能力和摄影技巧。在视频拍摄中，自然光的来源一般是指太阳，但由于太阳光在不同的时间段的强度和角度都不同，起到的光照效果也不同。所以，在拍摄清新类短视频时，创作者要多使用柔光拍摄，因此也对拍摄的时刻有着更为明确的要求，在这个基础上，可以利用一些小道具来达到想要的柔光效果。日出前 20 分钟或日落后 20 分钟，太阳在地平线以下，天空没有直射光但也没有完全黑，被称为密度拍摄；这时光线呈现柔和的黄色，可以借助塑料包装纸的褶皱将光分散，形成较大的光晕来达到唯美的效果，这些光晕有时也可以起到遮挡后景的作用，透明塑料袋和透明矿泉水瓶也能产生类似的作用。日出后 30 分钟或日落前 30 分钟，太阳光和地面的夹角成 0°～15°，景物的垂直面被大面积照亮，并留下长长的投影，早晚还伴有晨雾和暮霭，空间透视感强烈，拍摄近景，景调柔和；拍摄全景，整体环境则显得浓淡相宜，层次丰富；这段时间非常短暂，光线强弱变化大，要注意曝光控制。

②设计创意构图。在文艺清新类短视频拍摄中，一般运用构图来突出主体、美化画面、传递特定信息。清新类短视频大多是主体居中式对称构图、黄金分割线构图，尤其追求极简主义，画面保持简洁和刻意的留白。创作者在外景拍摄的过程中建议采取全景的构图方式，将自然景物尽收画面中，借大自然的瑰丽恢宏来渲染主体。

除上述外，短视频拍摄者也可以选取独特的拍摄角度，从正上方拍摄，可以展现形状有特色的平面物品；从斜上方或正面拍摄时，可以凸显出物体的高度和立体感；选取全景、中景、特写等不同景别可调整视频节奏。与此同时，短视频拍摄者也可以使用反射构图的方式来增加作品的艺术感，利用镜子、水面、玻璃等介质的反射原理，形成人物的重叠感，带来耳目一新的视觉体验。

③人物与场景结合。清新类短视频多表现日常生活，画面色彩朴素淡雅，以低调为主。因此，拍摄时要注意服化道的基调统一，平衡真实的环境与创作的意境。生活中的小物件都可以成为道具，如水杯、鲜花、单车、美食等。

道具色彩的选择上最好是浅色系的，如粉色、蓝色、绿色和白色，视觉上给人纯净、清新的感觉，同时要注意服装、妆容风格和色调的统一，选择同色系的物品，适当增加部分点缀的色彩即可。在拍摄场景的选择上，教室、篮球场、咖啡厅、海边、草地等生活化场景随处可见，颜色要清新，场景要简单，最重要的是人物动作设计要和场景协调，如大理海鸥成群，拍摄时就可以设计人物与海鸥互动喂食的场面，或者以飞翔的海鸥为画面背景。场景的选择不仅是一个地点，更涵盖了人文的审美感受，如校园代表青春岁月，大海寓意自由，群山象征活力。

（7）技能类。技能类短视频在各大平台上是非常受用户欢迎的，在短短几分钟内就可以学到一个可以使生活变得便捷的小窍门，这是用户所乐意看到的。在对此类短视频进行运营时，一定要抓住用户的心理，为其提供"干货"，只有这样才能得到用户的认可，从而获得良好的效果。

（8）治愈类。治愈类短视频是直抵心里最柔软的地方，主要是由于繁忙的都市生活给人们带来了压力与浮躁，人们都希望能远离喧嚣，避开拥挤，从城市搬到农村，呼吸自然的空气，寻找内心的声音。但实际上多数人因为生活的压力，无法来一场说走就走的旅行，所以需要在治愈类短视频中寻求治愈。

（9）录屏解说类。录屏解说类短视频影响力也不容小觑，人们一定看过类似5分钟看完一部电影的影视解说类短视频，影视解说类短视频有着短视频的优势，时长短，压缩了正常的影视剧时长，可能一集45分钟的电视剧最终在短视频里会压缩到3~5分钟，这一点完全适应了现代人的碎片化获取信息及快节奏生活的习惯，而且短视频在手机客户端播放，更方便人们在碎片时间观看，因此，录屏解说类短视频就自然而然地兴起了，甚至一度开始影响原版电影、电视剧的观看量，可见影响力之大。

4. 短视频的特点及发展趋势

短视频的特点是短、低、快、强。短是指短视频的内容时长短，这有助于用户利用碎片化的时间接收信息；低是指短视频制作与观看的成本和门槛低；快是指短视频的内容节奏和传播速度快；强是指用户的参与性很强。由于短视频具有短、低、快、强的特点，因此带给用户很多乐趣。短视频的发展在未来依旧前景看好。当然，各类短视频平台会有平台规则，会有更严密的审核机制，短视频也要承担更多的社会责任。

> **想一想**
> **什么类型的短视频最受大学生喜爱？**

根据近几年对短视频的研究，短视频领域的发展趋势有以下几点：

（1）短视频领域大发展趋势会越来越好。近几年投身自媒体、短视频拍摄者、短视频观看者的主力军不断扩大，使短视频播放量呈直线上升趋势。

（2）对短视频的管理会越来越严。前期短视频领域属于新事物出现，很多规定、规则对其没有约束的条文，随着其涉足领域的扩大，国家以后可能会制定出相关的管理方法。

（3）短视频会慢慢成为快节奏生活的一部分。社会在发展，生活在进步，人民需求的内容越精简越好，短视频就符合其需要。短视频会让人在坐车、等车的时间浏览多项内容，满足广大用户不同的需要。例如，全民做凉皮、做蛋糕，还有如何快速去除车辆划痕，如何清理地板、洗衣机等，收获了上百万点赞量、播放量。

作为互联网时代的狂欢文化广场，无论是普通大众，还是传统严肃的官方媒体，都在这个虚拟世界中平等自由地交流对话。在当今快节奏的生活和工作状态下，人们可以暂时逃离现实世界，无须在乎自己的身份、等级、地位，与屏幕对面的人自由、无障碍的交流，享受独属于自己的时光。

二、短视频平台及平台规则

1. 短视频平台

随着网红经济的出现,视频行业逐渐崛起一批优质用户原创内容(UGC)制作者,微博、秒拍、快手、今日头条纷纷入局短视频行业,并募集一批优秀的内容制作团队入驻。到了 2022 年,短视频行业竞争进入白热化阶段,内容制作者也偏向专业生产内容(PGC)化专业运作。目前,短视频平台主要有抖音、快手、微信、淘宝等,见表 3-1。

表 3-1 短视频平台

短视频渠道类型	具体平台
资讯客户端渠道	今日头条、百家号、一点资讯、网易号媒体开放平台、企鹅媒体平台(天天快报、腾讯新闻)
在线视频渠道	大鱼号、搜狐视频、爱奇艺、腾讯视频、西瓜视频、爆米花视频等
短视频渠道	抖音、快手、秒拍、美拍、微视频等
媒体社交渠道	微博、微信和 QQ 等
垂直类渠道	淘宝、京东、蘑菇街、礼物说等

2. 主流短视频平台及规则

(1) 主流短视频平台。

①今日头条。今日头条是北京字节跳动科技有限公司开发的一款基于数据挖掘的推荐引擎产品,为用户推荐信息、提供连接人与信息服务的产品。今日头条于 2012 年 8 月上线,是一款基于数据挖掘技术的个性化推荐引擎产品,它为用户推荐有价值的、个性化的信息,提供连接人与信息的新型服务,是国内移动互联网领域成长最快的产品之一。

在信息爆炸的时代,人们面对的选择越来越多,选择过多,信息超载,也常常会使人无所适从。在这种情况下,推荐引擎便开始展现技术优势,发挥威力。今日头条就是一款基于数据挖掘的推荐引擎产品,它不是传统意义上的新闻客户端,没有采编人员,不生产内容,运转核心是一套由代码搭建而成的算法。算法模型会记录用户在今日头条上的每一次行为,从海量的资讯里了解用户感兴趣的内容,甚至知道用户有可能感兴趣的内容,并将它们精准推送给用户。

②抖音。抖音隶属于北京字节跳动科技有限公司,是一款于 2016 年 9 月上线的音乐创意短视频社交软件。用户可以通过抖音拍摄短视频作品并上传,让其他用户看到,同时也可以看到其他用户的作品。

在抖音上线初期,其重点是打磨产品,不断优化产品性能和体验,初步寻求市场,这为后期用户爆发式增长打下了基础。

2017 年 3 月,某知名演员转发了一条带有抖音水印短视频的微博,让抖音第一次大规模传播,自此进入快速增长期,此阶段的重点在推广运营上。

2018 年春节期间,抖音迅速在全国流行。2018 年 3 月,抖音将原来的标语"让崇拜从这里开始"更改为"记录美好生活"。2018 年 6 月,抖音短视频日活跃用户数超过 1.5 亿,月活跃用户数超过 3 亿。

2020年1月，抖音与火山小视频进行品牌整合升级，火山小视频更名为抖音火山版，并启用全新图标。截至2020年8月，抖音日活跃用户数已破6亿，进入稳定增长阶段。到2022年，抖音日活已突破6.3亿。

打开抖音之后默认进入的是"推荐"页面，只需用手指在屏幕上往上滑，就可以播放下一条视频，内容随机，具有不确定性，更加吸引用户观看，打造沉浸式的体验。抖音能够通过用户看过的视频内容和形式，利用算法构建用户画像，为用户推荐其感兴趣的内容。

③快手。快手是北京快手科技有限公司旗下的产品。2011年3月，GIF快手诞生，它是一款用来制作和分享GIF动图的手机应用；2012年11月，快手从纯粹的工具应用转型为短视频社区应用，用于用户记录和分享生活。

2014年11月，快手完成品牌升级，去掉"GIF"，正式更名为"快手"。2016年，快手增加直播功能，逐渐演变成"短视频＋直播"的双内容平台，这一调整也让快手得到进一步发展。

截至2020年年初，快手日活跃用户数超过3亿，库存短视频数量超过200亿条；截至2020年8月，直播日活跃用户数为1.7亿，电商日活跃用户数为1亿。2020年8月，快手正式收购YTG电竞战队，进军王者荣耀职业联赛。2020年9月，快手进行品牌升级，发布全新标语"拥抱每一种生活"。

2022年上半年快手半年报显示，上半年快手平均日活跃用户为3.46亿，同比增长17％；平均月活跃用户为5.98亿，同比增长15％。

④西瓜视频。西瓜视频是北京字节跳动科技有限公司旗下的一款个性化推荐短视频平台。2016年5月，西瓜视频前身头条视频上线，而后宣布投入10亿元扶持短视频创作者。2017年6月，其用户量破1亿，日活跃用户数破1 000万，头条视频改名为西瓜视频。2018年2月，西瓜视频累计用户人数超过3亿，日均使用时长超过70分钟，日均播放量超过40亿人次。截至2022年，西瓜视频月活跃人数为1.89亿，月活跃人数环比为4.16％。

⑤抖音火山版（原火山小视频）。火山小视频是一款15 s原创生活小视频社区，由今日头条孵化，通过小视频帮助用户迅速获取内容，展示自我，获得粉丝，发现同好。2017年6月，腾讯应用宝"星App"5月榜单发布，火山小视频App登顶新锐应用。2018年4月5日，被央视点名的火山小视频App在安卓手机各大应用商店内下架。4月13日，火山小视频已经暂时关停同城频道，进行整改，具体恢复时间尚未确定。2020年1月8日，火山小视频和抖音正式宣布品牌整合升级，火山小视频更名为抖音火山版，随着近几年抖音用户增长，抖音火山版又火了起来。

⑥美拍。美拍是一款可以直播、制作小视频的受年轻人喜爱的软件。美拍推出高颜值手机直播＋超火爆原创视频。2014年5月美拍上线后，连续24天蝉联App Store免费总榜冠军，并成为当月App Store全球非游戏类下载量第一。截至2016年6月，美拍用户创作视频总数达5.3亿，日人均观看时长40分钟；美拍直播上线半年，累计直播场数已达952万场，累计观众数为5.7亿。美拍在抖音、快手没有活跃的时代独领短视频平台，近两年受众想看接地气的短视频会打开快手，想看吸睛短视频会打开抖音，而美拍就卡在一个尴尬的境地。

⑦微视。腾讯微视是腾讯旗下短视频创作平台与分享社区，用户不仅可以在微视上浏览各种短视频，还可以通过创作短视频来分享自己的所见所闻。此外，微视还结合微信和QQ等社交平台，用户可以将微视上的视频分享给好友和社交平台。

2018年4月2日,腾讯微视宣布进行2018年首次重大更新,安卓4.0版本推出视频跟拍、歌词字幕、一键美颜三大功能,并打通QQ音乐正版音乐曲库。

2019年5月,在腾讯全球数字生态大会上,腾讯公司表示,腾讯将会对整个内容生态进行升级:随着越来越多用户希望参与创作,一方面,发现用户需求变为怎么拍摄得好看,所以腾讯微视在编辑器上做了很多创新,帮助用户降低创作门槛;另一方面,发现现如今用户已经不满足于只是为自己发布作品,而是希望这个世界更多人看到,所以借助社交平台把内容分享给更多的人,让世界听到他们的声音。

随着近几年腾讯旗下微信及微信短视频的崛起,腾讯在短视频市场逐步占领了一定的市场。

⑧淘宝卖家秀。淘宝由阿里巴巴集团于2003年5月创立,拥有近5亿的注册用户数,每天有超过6 000万的固定访客量,同时,每天的在线商品数已经超过了8亿件,平均每分钟售出4.8万件商品。

淘宝卖家秀是淘宝卖家为了让用户更直观地了解产品而展现自己产品的一种方式。随着短视频的发展,淘宝卖家秀从只有图片展示逐渐发展为更全面的短视频形式,让用户能更好地了解产品,促成交易。截至2018年8月,淘宝的公开信息显示,平台日均短视频的播放量达到了19亿人次。短视频已经覆盖了用户逛淘宝时的所有路径。

(2)短视频平台常见规则。无论哪个电商平台,都有自己的规则。如果违反了平台规则,就很容易被平台限流减权,账号被封,一切又要从头再来。短视频平台常见规则如下:

> **想一想**
> **这些主流短视频平台的区别是什么?**

①具有以下情况会导致封号:

a. 发布的内容涉及低俗色情。

b. 发布的内容有侮辱谩骂的嫌疑。

c. 发布营销广告。

d. 发布虚假内容造谣生事。

e. 发布的内容侵犯他人版权、搬运他人视频。

f. 发布的内容令人产生不适。

g. 发布的内容侵犯儿童权益。

h. 发布的内容违反法律规定。

②容易违规被平台限制的情况如下:

a. 视频有明显水印。平台并没有规定哪些内容和元素会被判定为水印,但是如果平台判定视频含有水印,那么曝光就会受到限制。一般来说,如果视频中字幕太明显,停留时间太长,很容易判断有水印。

b. 违反短视频平台公约。平台公约里面的内容都是平台红线,不可跨越。

c. 内容有引流其他平台的嫌疑。对于平台来说,耗费巨资获得的用户被创作者通过广告轻易拉到其他渠道是很不值得的,所以,平台对恶意营销和广告有严格的审核,如二维码、电话号码之类的明显营销广告动作,一旦发现会限制曝光。

三、拍摄对标短视频

1. 对标短视频

对标短视频是指根据用户的画像产出用户感兴趣的短视频，以便获得更精准的用户的短视频。例如，可以对标目标人群的年龄段、性别等。

分析优秀的对标短视频，江小白案例值得学习与借鉴。江小白在新媒体营销平台中发布的各种类型的视频和图片非常有创意。除短视频、营销海报外，江小白还将创意应用在瓶身包装上。下面分析江小白短视频的脚本和拍摄手法，如图3-1、图3-2所示。

图3-1　江小白视频广告图片包装　　　　　图3-2　江小白短视频截图

对标短视频脚本分析

江小白发布的这个招聘宣传短视频十分简短，主要拍摄了男主角滞留外地不能回家过年和亲朋好友团聚的场景。

对标短视频拍摄手法分析

江小白的这个招聘宣传短视频是一个情节比较完整的短视频，采用了中景、近景、特写景别，以及移镜头、固定镜头。在短视频中，江小白的产品和招聘信息都成为短视频内容的一部分，其将产品和招聘信息自然融入短视频中，而不引起用户的反感，不仅能够让用户对产品留下深刻的印象，也能建立用户对某个场景使用特定产品的反应。

对标短视频文案分析

这个招聘宣传短视频的主题是"2021我想离家近一点"，为助力更多游子返乡就业，江小白利用富有情感的文案唤起了人们对回家乡工作的向往和期待。在这个招聘宣传短视频中，江小白穿插了一些疑问句式的文案，如"今年过年，你回家了吗？""过年聚不了，我们还约吗？"这些文案不仅能够调动用户的情绪，还能很好地引导用户进行互动。

2. 对标短视频拍摄流程

对标短视频的拍摄与短视频拍摄有很多相似之处,下面是对标短视频拍摄流程。

(1)确定拍摄主题。根据对标,确定拍摄主题,做好拍摄准备。

(2)编辑文案。根据对标短视频撰写文案脚本,把视频想要表达的内容提前写下来。

(3)视频拍摄。拍摄视频最简单的工具是手机和三脚架,若追求视频效果可以用单反相机。

(4)视频剪辑。视频拍摄完成后就需要剪辑了,剪辑最常见的工作就是把表现不了主题的部分裁剪掉,把不同的片段拼接成一个完整的视频。如果是计算机操作,新手可以使用快剪辑,也可以使用相对专业一些的 Pr 软件来剪辑。手机剪辑可以使用快剪辑、剪映,想专业一些,安卓系统可以用巧影,iOS 系统可以选择视频编辑器(Videoleap)。

(5)添加字幕。手机制作视频用 App 可以直接添加字幕;计算机制作视频可以用 Arc Time,这是一款专业的跨平台字幕软件,功能强大,简单高效,可以快速创建和编辑时间轴,进行文本编辑。

经过上面几步,一段完整的视频就制作出来了,其实操作并不难,难的是创意和思路。

四、短视频拍摄脚本撰写

1. 短视频脚本构成要素

短视频脚本的构成要素与故事要素基本相同,如故事发生的时间、地点、故事中的人物,包括人物的台词、动作、情绪,每个画面拍摄的景别、需要突出的特定场景等。表 3-2 阐述了短视频脚本拍摄构成要素。

表 3-2 短视频脚本拍摄构成要素

短视频脚本拍摄要素	短视频拍摄具体意义
拍摄目的	明确拍摄视频的目的是商品展示、企业宣传、记录生活等
框架搭建	明确搭建视频总构想,如拍摄主题、故事线索、人物关系、场景选地等
人物设置	明确需要设置几个人物,他们分别扮演什么角色
场景设置	明确在哪里拍摄,如室内、室外、棚拍等
故事线索	明确剧情如何发展,以及利用怎样的叙述形式来调动观众情绪
影调运用	根据视频的主题情绪搭配相应的影调,如悲剧、喜剧、怀念、搞笑等
音乐运用	运用恰当的背景音乐渲染剧情
镜头运用	明确使用什么样的镜头进行视频内容的诠释

2. 短视频脚本策划、类型、撰写及注意要点

(1)短视频策划。拍摄前需要按照表 3-3 做好短视频的策划工作。

表 3-3 短视频策划的步骤及其具体内容

步骤	任务	具体内容
第 1 步	构建用户画像	做好用户定位,明确短视频的用户群体,如上班族还是学生,男士还是女士

续表

步骤	任务	具体内容
第2步	针对目标用户确定短视频主题	选择适合目标用户的短视频主题
第3步	编写文案和脚本	编写吸引眼球的短视频文案和脚本,清晰地展现短视频所要传达的内容,即明确向用户传递什么信息

(2)短视频脚本类型。表3-3中第3步里的脚本是接下来拍摄视频的依据,参与视频拍摄和剪辑的人员的行为,画面在什么时间、什么地点出现,什么内容,镜头的运用,景别、景深等都要服从脚本。脚本可分为拍摄提纲、文学脚本和分镜头脚本三种类型。

①拍摄提纲。拍摄提纲是为拍摄一部短视频或某些场面而制定的拍摄要点。它不同于分镜头剧本的细致规定,只对拍摄内容起各种提示作用。

②文学脚本。文学脚本是短视频改版以后方便以镜头语言来完成的一种台本方式。

③分镜头脚本。短视频虽然只有几分钟甚至十几秒,但是优质的短视频往往每个镜头都经过精心设计,这就像导演拍摄一部电影一样,对于镜头的设计,利用的就是镜头脚本。

(3)短视频脚本的撰写。在撰写短视频拍摄脚本前,需要确定整体上的内容思路和流程,也就是前期准备。

①框架搭建:一个脚本前期从哪些方面考虑问题,如拍摄主题、故事线索、人物关系、场景选在哪里拍摄等。

②主题定位:要表现的故事背后的深意是什么?想反映什么样的主题?选择怎样的内容表达形式?是美食视频、服装穿搭,还是小剧情?

③人物设置:短视频中需要设置几个人?他们都是承载剖析主题的哪一部分使命?

④场景设置:拍摄地点非常重要,是室内还是室外?棚拍还是绿幕抠像?这都需要提前确定好。

⑤故事线索:剧情怎么发展?是从人物的从小到大讲起,还是用倒叙的方式发展?或是先来个糟糕的结果,调动一下观众情绪,再展开探索整个故事的剧情?

⑥影调运用:什么情绪的主题配什么情绪的影调。悲剧?喜剧?怀念?搞笑?科技?根据不同的情绪来选择采用冷调还是暖调。

⑦背景音乐:在一部影片中,符合恰当气氛的音乐是渲染剧情气氛的最佳手段和妙招。例如,拍摄美女帅哥的网红,往往选择流行和快节奏的嘻哈音乐;拍摄传统文化,则需要选择慢节奏的中国风音乐;拍摄运动视频,就要选择节奏鼓点清晰的节奏音乐;拍摄育儿和家庭剧,可以选择轻音乐、暖音乐。

⑧景别:景别是指被拍摄主体在画面中所呈现出的范围大小。景别的大小是由被拍摄主体与摄像机的拍摄距离决定的,拍摄距离越远,景别越大;拍摄距离越近,景别越小。景别可分为远景、全景、中景、近景、特写等。

a.远景:远景分为极远景和普通远景,如图3-3、图3-4所示。

b.全景:全景分为大全景、全景、小全景,其中全景用来展示场景的全貌与人物的全身(包括体型、衣着打扮、身份等),在电视剧中用于表现人物之间、人与环境之间的关系,如图3-5所示。

大全景通常包含整个拍摄主体及周围环境的画面，可以在短视频中用作环境介绍，也经常被称作最广的镜头。

全景拍摄到的主要是人物全身或较小场景全貌，类似话剧、晚会或大型综艺界面中"舞台"大小的画面，但在全景中能够看清楚人物的动作和所处的环境。

小全景画面范围比全景小，但又能保持人物的相对完整。

c. 中景：中景可分为中景、中近景。中景通常是指视频画面的下边缘通常位于人物膝盖左右部位或场景局部，如图3-6所示。中景是表演性场面的常用景别。中近景也被称为半身景、半身像，是指从腰部到头范围的画面镜头。中近景通常能够兼顾中景的叙事和近景的表现功能，所以，常用在各类电视节目的制作拍摄中。

图3-3　极远景

图3-4　普通远景

图3-5　全景

图3-6　中景

d. 近景：近景是指拍摄人物胸部以上的视频画面，有时也用于表现景物的某一局部（图3-7）。近景拍摄的视频画面可视范围较小，人物和景物的尺寸足够大，细节比较清晰，有利于表现人物的面部或其他部位的表情神态，以及细微动作和景物的局部状态。近景非常适合短视频拍摄，用于表现人物的面部表情，传达人物的内心世界和刻画人物性格。

e. 特写：特写包含普通特写、大特写。普通特写就是摄像设备在很近的距离内拍摄对象，通常以人体肩部以上的头像为取景参照，突出强调人体、物件或景物的某个局部，如图3-8所示。大特写又被称为"细部特写"，是在人体、物件或景物的某个局部中拍摄更加突出的细节，如人面部中的眼睛，如图3-9所示。

图 3-7　近景

图 3-8　普通特写

⑨镜头运用：运动镜头是指通过机位、焦距和光轴的运动，在不中断拍摄的情况下形成视角、场景空间、画面构图、表现对象的变化。运动镜头可以增强画面的动感，扩大镜头的视野，影响短视频的速度和节奏，赋予画面独特的寓意。常见的运动镜头有推镜头、拉镜头、移镜头、摇镜头、升降镜头几种。在拍摄脚本里面，要对每个镜头进行细致的设计。

短视频拍摄脚本除了撰写以上一些要素，还要了解以下常识。

图 3-9　大特写

①内容：内容就是把想要表达的东西通过各种场景方式进行呈现。具体来说就是拆分剧本，把内容拆分在每个镜头里面。

②台词：台词是为镜头表达准备的，起到画龙点睛的作用。60 s的短视频，不要让文字超过 180 个字，否则听着会很烦琐。

③时长：时长是指单个镜头时长，提前标注清楚，方便在剪辑时找到重点，提高剪辑的工作效率。

④道具：可以选择的道具有很多，玩法也有很多，但需要注意的是道具起到画龙点睛的作用，不是画蛇添足，进而抢了主体的风采。

（4）短视频脚本撰写注意要点。短视频脚本在构思和写作时，需要注意以下几个要点：

①主题：主题即短视频脚本的核心，是创作者想要通过短视频表达的核心思想，如友情、亲情、悲伤、愤怒等。在撰写短视频脚本之前，需要先确定一个大的方向，根据账号定位确定故事选题，建立故事框架，确定角色、场景、时间等要素。

②主线：主线就是故事的链条，是由一个主要矛盾的发生、发展和解决的过程贯穿整个剧作的始终。短视频脚本发挥了提纲挈领的作用，因此，需要对故事的走向、人物的变化、环境的更迭进行梳理。

③场景：场景即短视频的拍摄场景，在脚本中梳理短视频的拍摄场景能够提前确定拍摄顺序，在拍摄时把同一个场景的内容集中拍摄，有利于提高效率，节省人力、物力、财力。

④景别：景别对于剧情的表达也十分重要，在短视频脚本中确定各个镜头的景别，对于拍摄的进度和效率都有积极作用。

⑤时间长度：时间长度即预想中的短视频长度。短视频最大的特点是"短"，因此短视频脚本也需要重视对时间的把控，一般短视频的时间设置会限制在15 s左右。

五、短视频拍摄设备及场地选取

1. 短视频拍摄流程

工欲善其事，必先利其器。在拍摄、制作短视频之前，需要明确短视频的用户定位、策划选题内容，然后根据拍摄目的和资金等实际情况准备拍摄设备、组建制作团队等。

（1）准备拍摄设备。要拍摄短视频，拍摄设备是必备的。常见的短视频拍摄设备有手机、单反/微单相机、摄像机等，可根据资金预算选择适合的设备。

（2）组建制作团队。短视频领域的竞争越来越激烈，要想脱颖而出，其制作要更专业化。而专业化的制作靠一个人单打独斗是很难实现的，因此，需要团队的力量，组建一个优秀的短视频制作团队。

（3）确定主题。确定主题以后，做起来就有了明确的目标，能更快、更直接地完成短视频拍摄任务。

（4）编辑文案。撰写文案脚本是把这个视频想要表达的内容、台词提前写出来，脚本就是把文案转化成能用视频形式表达的方式。例如，哪一部分是要出镜讲解的？哪一块是要拍摄实物的？有了文案脚本后再进行拍摄可以大幅提高效率。

（5）视频拍摄。有了前面几个步骤，就可以开始拍摄视频了。

2. 短视频拍摄设备准备

（1）短视频拍摄设备普通版。普通版设备以手机或计算机为短视频拍摄的主要设备，难度小且易操作。普通版设备常用于泛娱乐化短视频，或个人、中小型企业的带货直播。

（2）短视频拍摄设备升级版。升级版设备以单反相机为短视频拍摄的主要设备。需要注意的是，单反相机的续航能力有限，因此不利于长时间录制，营销者在开播前需提前充足电量且直播途中需要注意检查。

（3）短视频拍摄设备精装版。精装版设备以摄像机为短视频拍摄的主要设备，并配以专业的直播编码器或编导一体的设备，画面清晰流畅、拍摄稳定。精装版设备适用晚会直播、会议直播等要求较高的短视频拍摄。

短视频各种拍摄设备的优势及劣势见表3-4。

表3-4 短视频各种拍摄设备的优势及劣势

设备名称	拍摄短视频优势	拍摄短视频劣势
手机拍摄	拍摄方便、操作智能、编辑便捷、互动性强	手机在防抖、降噪、广角和微距等方面的表现还不够专业，需要加强这些功能，才能接近专业视频的拍摄水准
单反相机	画质更好，镜头选择丰富	价格高

续表

设备名称	拍摄短视频优势	拍摄短视频劣势
业务级摄像机	通常支持连续拍摄2小时以上，配备光圈、快门、色温、光学变焦和手动对焦等所有普通视频拍摄常用的快捷功能，且使用非常方便；同时，业务级摄像机还具有舒服的横式手持握柄和腕带，提高手持稳定性	价格高、体积较大、画面单一，无法实行创意
麦克风	声音更优质	—
稳定设备	更加稳定	—
无人机	无人机拍摄视频具有高清晰、大比例尺、小面积等优点	成本太高且存在一定的安全隐患
照明设备	伞灯、柔光灯、环形灯、球状灯、柱状灯	—

3. 短视频拍摄场地选取

短视频拍摄场地影响短视频画面的舒适度，因此，安静、整洁、光线好的场地更适合短视频拍摄活动的开展。室内短视频拍摄场地通常选择在办公室、仓库、会议室、门店、展示厅等贴近短视频拍摄内容且不受杂声干扰的地方，室外短视频拍摄场地通常选择在产品采购地、活动现场等受欢迎、有关注度的地方。

六、短视频分镜头拍摄技巧

1. 短视频拍摄运镜技巧

（1）推拉镜头。

①推镜头。推镜头是一个从远到近的构图变化，是指在被拍摄对象位置不变的情况下，用相机向前缓缓移动或急速推进的镜头。推镜头使银幕的取景范围由大到小，画面里的次要部分逐渐被推移画面之外，主体部分或局部细节逐渐放大，占满银幕。

②拉镜头。拉镜头是指摄影由近而远向后移动离开被摄对象，取景范围由小变大，被拍摄对象由大变小，与观众距离逐步加大，画面的形象由少变多，由局部变化为整体。在景别上，由特写或近景、中景拉成全景、远景。拉镜头的主要作用是交代人物所处的环境。

（2）上下运镜。上下运镜是将稳定器切换至PTF（俯仰和航向跟随模式），将手机或相机安置在稳定器上，然后将其由上而下运镜。

（3）移镜头。移镜头是指移动摄影机。它往往要借助一定的器械，或者把摄影机扛在肩上才能完成拍摄任务。移镜头类似生活中人们边走边看的状态，在这种情况下，变化的总是被拍摄主体的背景。无论被拍摄主体是固定不动，还是处于运动之中，因为镜头的移动，被拍摄主体的背景在连续的转换中总是变动，总是充满动感。

移动拍摄的效果是最灵活的，但弊端是相机抖动不好控制，很多人拍出来的效果很差，这时就要用到稳定器，稳定器通过机身电动机和旋转轴来控制相机移动和旋转。

（4）跟随运镜。跟随运镜是指镜头跟随人物、运动着的被拍摄物体进行拍摄。跟随运镜镜头，可以更好地突出主体，也能表现人与环境的关系，引导用户视线。

短视频运用举例：奔跑着的动物、向前走着的人等，可以搭配慢镜头，使人物情感表达更鲜明。

(5) 甩镜头。甩镜头即扫摇镜头，是指从一个被拍摄体甩向另一个被拍摄体，表现急剧的变化，作为场景变换的手段时不露剪辑的痕迹。甩镜头常用在表现人物视线的快速移动或某种特殊视觉效果，使画面有一种突然性和爆发力。

(6) 升降镜头。升和降是相机借助升降装置等一边升降一边拍摄的方式，升降运动带来了画面视域的扩展和收缩，通过视点的连续变化形成了多角度、多方位的构图效果。

升镜头是指镜头向上移动形成俯视拍摄，以显示广阔的空间。降镜头是指镜头向下移动进行拍摄，多用于拍摄大场面，以营造气势。

(7) 环绕运镜。环绕运镜是指相机围绕中心物体进行环绕。其作用是通过运镜突出主题，让短视频画面更有张力；应用场景包括巡视人物、环境等。

2. 常用的拍摄视频画面的构图方式

要想拍摄好视频，构图也是不可忽视的一方面。构图要能够创造画面造型、表现节奏与韵律，是视频作品美学空间性的直接体现，有着无可替代的表现力。其传达给观众的不仅是信息，同时也是一种审美情趣。在视频拍摄的构图过程中，既要遵循一定的原则，又要根据被拍摄主体及拍摄者想表达的思想情感采取不同的构图方式，这样才能拍摄出优秀的视频作品。

(1) 对称式构图法（图3-10）。对称式构图法具有平静、安宁、稳定等特点，常用于表现平静如镜的湖面、微波荡漾的水面、一望无际的平川、辽阔无垠的草原等。

(2) 三角形构图法（图3-11）。三角形具有稳定性，有均衡踏实的感觉，多用于体现安静的意境。

图3-10　对称式构图法

图3-11　三角形构图法

(3) 中心构图法。中心构图法就是将主体放置在视频画面的中央进行拍摄，横竖不限（图3-12）。一般在相对对称的环境中拍摄时会选择中心构图法对画面进行构图，这样能够将主体表现得更加突出、明确，画面容易达到左右平衡的效果。在采用这种构图方式时，要注意选择简洁或与被摄主体反差较大的背景，使主体从背景中"跳"出来。

图3-12　中心构图法

（4）对角线构图法。对角线构图法是指被拍摄主体沿着画面的对角线方向排列，能够表现出很强的动感、不稳定性和有生命力的感觉，给观众以更加饱满的视觉体验（图3-13）。对角线构图法中的对角线关系可以借助物体本身具有的对角线，也可以利用倾斜镜头的方式将一些倾斜的景物或横平竖直的景物，以对角线的形式呈现在画面中。

图 3-13　对角线构图法

（5）水平线构图法（图3-14）。在使用这种构图方法时，通过将水平线安排在画面中的不同位置，可以给人带来不同的视觉感受。如果是将水平线居中放置，能够给人以平衡、稳定之感；如果是将水平线下移，能够强化天空的高远；如果是将水平线上移，则可以展现出大地或湖泊、海洋的广阔。

（6）S形构图法（图3-15）。S形构图法是指被拍摄主体以S形曲线从前景向中景和后景延伸，使画面形成纵深的空间关系，让画面更加灵动，表现出曲线线条的柔美。需要说明的是，这里所说的S形曲线并不要求一定是完美的S形，既可以是一些没有完全形成S形的曲线，也可以是一些弧度较小的曲线元素等。

图 3-14　水平线构图法

图 3-15　S形构图法

(7) 留白式构图法（图 3-16）。留白式构图法就是剔除与被拍摄主体关联性不大的物体，形成留白，让画面更加精简，这样更容易突出主体，形成视觉冲击力，给观众留下想象的空间。

图 3-16　留白式构图法

(8) 放射性构图法（图 3-17）。放射性构图法是由一个中心点向四周扩散，既起到导向的作用，又有开阔、舒展、散开、冲击力强等动感效果。

(9) 九宫格构图法（图 3-18）。九宫格构图法是用两条水平线和垂直线将画面九等分，将主题元素置于线的交点之上，既突出主题，又能使画面更为舒适。用两条横线和两条竖线进行分割，之后就会得到四个交叉点，此时，只要将画面主体放在任一交点上，就可以营造出意想不到的画面效果。

图 3-17　放射性构图法　　　　　　　　图 3-18　九宫格构图法

(10) L 形构图法（图 3-19）。L 形构图能让画面有张力，使画面有视力延伸。L 形如同半个围框，可以是正 L 形，也可以是倒 L 形。因为 L 形构图占据画面的两边和一角，使中间透空，视野开阔，使主体突出，主题明确，画面活泼多变。

(11) 引导线构图法（图 3-20）。引导线构图法可以营造画面的韵律感，可用于河流、道路、护栏、海浪或山棱线等，利用自然曲线作为画面的引导，可吸引观赏者的目光。引导线有助于将看图的人的视线集中在最重要的元素上，可以利用道路、墙壁、规则图形等作为引导线。

(12) 重复式构图法（图 3-21）。重复式构图法是表现一组事物的构图法，在画面中有时没有一个明确的单一主体，主体可能是一组同样的事物。

图 3-19　L 形构图法

图 3-20　引导线构图法

图 3-21　重复式构图法

3. 画面稳定技巧

无论是拍摄视频还是拍摄照片，人们都更倾向于观看清晰的画面。拍摄视频的清晰度非常重要，而画质的稳定又是决定视频清晰度的关键，运用一些稳定技巧，也能大幅提升拍摄质量。

（1）尽量双手横置手机拍摄。虽然单手拍摄方便，但是单手握持的稳定性欠佳，因此，在没有辅助设备帮助的情况下，如果要追求视频镜头的稳定性，还是建议大家双手横持手机进行拍摄，因为双手横持手机会使机身更加稳定，能有效减少画面的抖动。

（2）利用其他物体作为支撑点。由于手机比较轻，因此在手持拍摄时很容易发生抖动，在拍摄的过程中，其实可以借助其他物体来稳定设备。例如，在拍摄静态画面时，如果身边有比较稳定的大型物体（如大树、墙壁、桌子等），可以借助它们进行拍摄，拍摄者可以手持手机，同时将手轻靠大树、墙壁，或立于桌面上，形成一个比较稳定的拍摄环境。需要注意的是，这种拍摄方式虽然比较稳定，但能动性较差，也很容易发生碰撞，因此，建议尽量只在拍摄固定机位时使用该方法。

（3）保持正确的拍摄姿势。手持拍摄时运用正确的姿势牢牢地固定手机非常重要，除保持呼吸的平稳外，还可以靠着墙、栏杆等，让身体保持相对稳定。在拍摄时，要避免大步行走，使用小碎步移动拍摄，可以有效减少大幅度的抖动。此外，在拍摄过程中，尽量避免大幅度的手部动作，手肘内侧可以紧靠身体以保持稳定。

（4）拍摄过程中谨慎对焦。如果拍摄者不是刻意追求画面的虚化效果，那么最好在摄像前关闭自动对焦功能。另外，在拍摄前尽量先找好焦点，避免在拍摄过程中频繁去对焦，因为手机拍摄视频的过程中重新选择对焦点，会有一个由模糊变清晰缓慢过程的画面，这就破坏了画面的流畅度。另外，拍摄时对焦，手指频繁点击屏幕，难免对设备的稳定性造成影响。

（5）选择稳定的拍摄环境。除在设备和拍摄手法上下功夫外，选择一个稳定的拍摄环境同样有利于拍出稳定的画面。想要拍摄出稳定的画面，在拍摄场景的选择上就要尽量避免坑洼的地面、被杂草和乱石覆盖的地面，因为崎岖不平的地面很容易让人踏空或发生磕绊。因此，选择平整、结实的路面可以很好地消除抖动的外部环境因素，减少拍摄时不必要的镜头晃动。

4. 拍好短视频的技巧

随着短视频的兴起，越来越多的人喜欢通过拍摄短视频来记录自己的生活。短视频拍摄技巧如下。

（1）基础技巧。

①慢动作。现在很多手机都有慢动作这一功能，可以通过慢动作来拍摄视频，它能快速拍摄出精彩有趣的视频片段，慢动作拍摄不仅可以消除因运动产生的画面抖动，还能进一步提高视频的质量，因此比较适合拍摄特殊场景。

②旋转。拍摄视频时，大家还可以根据旋转来拍摄，使用三脚架或其他稳定器辅助，然后通过360°的旋转来拍摄，这种方法用的人也比较多。

（2）高能技巧。

①延时拍摄。延时拍摄也是非常不错的方法，拍摄时可以进行大范围的延时，直接通过手机稳定器实现即可。延时摄影比较适合街道、人群和车辆、空中移动的云朵拍摄。

②倒播。大家可以先用手机拍摄一个正常的视频，然后通过后期倒播的方式来实现不一样的效果。

③移焦。移焦拍摄就是焦点虚实变换的过程。例如，先将焦点定位在近景中，然后进一步虚化近景，将焦点转移到远景中。这种拍摄方法在不少电影、电视剧的拍摄中也会用到，实用性非常高，因为它可以巧妙地转移观众的注意力。

（3）光线技巧。众所周知，无论是拍摄视频还是拍摄照片，光线运用得好，可以让拍摄的照片和视频效果提升不少。拍摄的过程中可以运用顺光、逆光、侧逆光等凸显物体与人物，同时还需要确保视频的清晰度，光线不足的情况下，可以适当使用打光来补足光线。

（4）后期制作技巧。视频拍摄完成后，还需要进行后期的剪辑制作，创作主题要清晰，剪辑过程中要合理运用特效，避免过度使用特效，给人眼花缭乱的感觉。

课前自测

一、单选题

1. 关于短视频的概述，下列错误的是（　　）。
A. 2012年，制作分享GIF动图的工具"GIF快手"上线并从工具应用转型为短视频平台
B. 2013年，微博秒拍和腾讯微视等短视频平台上线，将短视频推上了新的台阶
C. 2014年，美拍的上线和2015年小咖秀的上线，使短视频布局形成了"百家争鸣"的局面
D. 2016年，抖音、梨视频和火山小视频上线

2. 关于短视频标题的注意事项，下列错误的是（　　）。
A. 避免词汇太专业、冷门、生僻
B. 标题字数越多越好
C. 添加热门话题标签，@好友或官方小助手，也能在一定程度上增加内容被曝光的机会
D. 尝试多样性句式
3. 下列属于 PGC 的是（　　）。
A. 网易云音乐用户评论　　　　　　B. KOL（关键意见领袖）发布的内容
C. "网红"发布的内容　　　　　　　D. 《新京报》发布的新媒体文章
4. 下列不属于剪辑软件的是（　　）。
A. 剪映 App　　　　　　　　　　　B. InShot App
C. Photoshop　　　　　　　　　　 D. Premiere

二、多选题

1. 常见的运动镜头有（　　）。
A. 推镜头　　　B. 拉镜头　　　C. 移镜头
D. 摇镜头　　　E. 升降镜头
2. 短视频常见类型有（　　）。
A. 娱乐剧情类、才艺展示类　　　　B. 人物出镜讲解类、人物访谈类
C. 动画类、文艺清新类、技能类　　D. 治愈类、录屏解说类
3. 短视频的特征有（　　）。
A. 短　　　　　B. 低　　　　　C. 快　　　　　D. 强
4. 以下说法正确的有（　　）。
A. 景别是指被摄主体在画面中所呈现出的范围大小
B. 景别的大小是由被拍摄主体与摄像机的拍摄距离决定的
C. 景别的大小是由摄像机决定的
D. 拍摄距离越远，景别越大
E. 拍摄距离越近，景别越小

三、填空题

1. 短视频按照生产方式可分为_____、_____和_____三种。
2. UGC（User Generated Content）即_____，由平台普通用户自主创作并上传短视频。
3. _____是将文字转换成立体视听形象的中间媒介，将文学脚本的画面内容加工成一个个形象具体的、可供拍摄的画面镜头，并按顺序列出镜头的镜号。

四、简答题

1. 简述短视频的特征。
2. 现如今越来越多的企业开始拍摄短视频，上网查一查拍摄短视频的相关设备有哪些？简要说明其优点及缺点。

课中实训

任务一　认识短视频平台及平台规则

【任务描述】

小李是电子商务专业毕业的一名大学生，是A新媒体技术有限公司的一名新进员工，作为一名职场人，主管要求小李先从短视频平台、短视频平台规则进行学习。

本任务我们将帮助小李认识短视频平台及平台规则，让小李尽快熟悉这个行业。

【任务目标】

1. 能够通过网络搜集各大主流短视频平台的相关信息。
2. 能够区别主流短视频平台及规则的异同。

【任务需求】

1. 计算机/手机。
2. 百度网站平台 https：//www.baidu.com/。
3. 良好的网络环境。

【任务实施】

1. 搜集短视频平台相关资料

步骤1：打开百度网站平台，在搜索框输入"短视频平台有哪些"，然后单击"百度一下"按钮，如图3-22、图3-23所示。

图 3-22　打开百度网站平台　　　　图 3-23　搜索"短视频平台有哪些"

步骤2：根据搜索结果，单击"知乎"平台查看相关资料，如图3-24所示。

步骤3：根据步骤1和步骤2搜索资料的方法，分别搜集抖音、微信短视频、腾讯新闻短视频、今日头条中短视频的相关资料，对搜索到的资料进行分析和归纳，然后完成表3-5的填写。

图 3-24 搜索结果

表 3-5 短视频平台特点

短视频平台	特点
抖音	
微信短视频	
腾讯新闻短视频	
今日头条	

2. 短视频平台规则

小李在搜集资料过程中注意到各平台的规则是有区别的,如果要在抖音、微信、腾讯新闻、今日头条上发布短视频,应该分别遵守哪些平台规则呢?请根据课前所学和搜索到的相关资料完成表 3-6。

表 3-6 短视频主流平台规则及注意要点

短视频平台	短视频平台规则及注意要点
抖音	
微信短视频	
腾讯新闻短视频	
今日头条	

> **知识拓展**
>
> 短视频的优势
>
> 1. 短小精悍，内容有趣
>
> 短视频适合在移动端播放，时长一般在 15 秒到 5 分钟。相对于文字图片来说，短视频能够带给用户更好的视觉体验，也更生动形象。因时间有限，短视频展示出来的往往是核心部分，符合用户碎片化的阅读习惯。
>
> 2. 互动性强，社交黏度高
>
> 用户可以将短视频分享至各社交平台，应用中的点赞、评论、分享等功能可以实现用户的单向、双向、多向互动。短视频传播信息的能力强、范围广、交互性强，为用户提供了创作的空间，增加了社交黏度。
>
> 3. 制作门槛低，原创为主
>
> 短视频大大降低了生产传播的门槛，即拍即传，随时分享，实现了制作方式的简单化，一部手机就可以完成拍摄、制作、上传、分享。

任务二 分析优质短视频并确立对标视频

【任务描述】

小李调研了短视频平台有哪些后，梳理了不同短视频平台的平台规则及注意要点，又到巨量算数网页版中查询热度短视频，发现不同人群对不同短视频的热爱程度不同。

本任务我们将跟小李一起来学习优质短视频,并确立对标视频。

【任务目标】

1. 能够辨别并分析优质短视频。
2. 能够根据网络收集到的数据分析对标视频。

【任务需求】

1. 计算机/手机。
2. 良好的网络环境。
3. 巨量算数网站平台 https：//trendinsight.oceanengine.com/。

【任务实施】

步骤1：打开巨量算数网站平台，然后进入巨量数算页面后单击"创作指南"按钮，如图3-25所示。

图 3-25　巨量算数网页

步骤2：执行"创作指南"→"时尚"命令，观察跳转页面的内容，完成表3-7的填写。

表 3-7　分析优质短视频

关键词	综合指数	搜索指数	视频量
衣服			
头发			
搭配			
造型			
女装			
同款			
高级感			

步骤3：观摩完巨量算数里面的对标优质短视频数据后，继续收集对标短视频不同类目的变现方式、用户画像、搜索指数、关联分析等内容，完成表3-8的填写。

表3-8 分析对标短视频

美食类对标短视频		服装、鞋袜类对标短视频	
变现方式		变现方式	
用户画像		用户画像	
搜索指数		搜索指数	
关联分析		关联分析	
账号定位		账号定位	

知识拓展

巨量算数

"巨量算数"是巨量引擎旗下内容消费趋势洞察品牌。以今日头条、抖音、西瓜视频等内容消费场景为依托并承接巨量引擎先进的数据与技术优势，坚持客观严谨的理念，输出内容趋势、产业研究、广告策略等前沿的洞察与观点，同时，开放算数指数、算数榜单数据分析工具，满足企业、营销从业者、创作者等数据洞察需求。

任务三　短视频对标模拟拍摄实践

【任务描述】

小李在上个任务调研了优质短视频，在观摩分析之后，决定以"鞋袜"为对标短视频进行模拟拍摄实践，本任务我们就跟小李一起实践鞋袜类短视频对标模拟拍摄。

【任务目标】

1. 能够分析对标短视频。

2. 能够实践对标短视频拍摄流程，完成卫龙辣条——小面筋系列短视频的对标模拟拍摄。

【任务需求】

1. 计算机/手机。

2. 巨量算数网站平台 https://trendinsight.oceanengine.com/。

【任务实施】

1. 观摩分析对标短视频

步骤1：打开素材（项目三素材短视频）。毛圈袜短视频素材截图如图3-26、图3-27所示。

图3-26 鞋袜类对标短视频截图

图3-27 毛圈袜优点介绍

步骤2：观摩打开的毛圈袜短视频，分析该对标短视频的主题、目标人群、拍摄视频色调、手法等，完成表3-9的填写。

表3-9 卫龙辣条——小面筋系列

毛圈袜介绍短视频（原视频）		卫龙辣条——小面筋系列（自己即将要模仿拍摄）	
主题		主题	
目标人群		目标人群	
拍摄视频色调		拍摄视频色调	

续表

毛圈袜介绍短视频（原视频）		卫龙辣条——小面筋系列（自己即将要模仿拍摄）	
手法		手法	
选择设备		选择设备	
BG 音乐及配音		BG 音乐及配音	
剪辑手法		剪辑手法	

2. 短视频对标模拟拍摄（卫龙辣条——小面筋系列）

以小组为单位进行短视频对标模拟拍摄。

步骤1：根据素材毛圈袜短视频写出卫龙辣条——小面筋系列拍摄解说词、脚本；

步骤2：根据脚本进行拍摄；

步骤3：剪辑。

各小组完成拍摄后，每个小组派一名代表展示所模拟拍摄的卫龙辣条——小面筋系列短视频。

知识拓展

如何做对标账号分析？

账号分析包括内容分析和数据分析。

1. 内容分析

在筛选出来的对标账号中，如果是数据平平的视频，则不建议花太多精力去研究。可以找到其中的爆款视频，拆解它们的表现形式，主要包括文案的写法、背景音乐、视频拍摄手法、如何在视频中引导用户互动、如何在视频中带动用户情绪等。

2. 数据分析

（1）评论数。如果是评论比较多的视频，可能是博主在视频中埋了"梗"引发的用户讨论；也有可能是博主在评论区和大家进行了积极互动。

（2）收藏数。如果是收藏数据比较好的视频，多数是视频给用户带来了"干货"价值。

（3）转发数。转发数高的视频，一定是视频引发了用户的分享欲。

任务四　短视频拍摄脚本设计与制作

【任务描述】

在上个任务中,小李模拟拍摄了对标短视频,但是在拍摄过程中他对有些环节的拍摄并不能理解,究其原因,是因为小李并没有研究拍摄的脚本。

脚本是拍摄视频的依据,脚本的创作是为了提前统筹安排好每个人每一步所要做、该做、怎么做的事情,它是为效率和结果服务的。参与视频拍摄的人员行为和动作都要服从于脚本。因此,本任务我们将一起来学习短视频脚本的设计与制作。

【任务目标】

1. 能够写出短视频脚本的撰写流程。
2. 能够描述短视频脚本的撰写注意要点。
3. 能够根据短视频脚本的撰写流程及注意要点设计"卫龙辣条——小面筋"系列短视频脚本。

【任务需求】

计算机/手机。

【任务实施】

根据短视频脚本的撰写方法及注意要点,结合表3-10中的文字提示完成卫龙辣条——小面筋系列短视频拍摄脚本的设计。

表3-10　短视频拍摄脚本设计

卫龙辣条——小面筋系列短视频拍摄脚本				
	画面	内容	音频	备注
开头	空镜头+字幕		背景音乐	画外音乐
1	特写			
场景1:学生拿着食品卫龙辣条——小面筋在直播间展示				
2	全景 近景		独白	
3—1	特写			
3—2	特写			
4	特写 近景			
5	特写		背景音乐	
6	近景 特写 特写 远景		背景音乐	背景音乐 声音稍大点

续表

卫龙辣条——小面筋系列短视频拍摄脚本			
场景2:场景从直播间转换到遗爱湖公园			
7	全景	背景音乐	
8	近景 特写 近景	背景音乐	可以考虑要是否换其他口味辣条拍摄视频
9	长镜头	背景音乐	
场景3:宿舍			
10	特写		
11	全景 特写	背景音乐	可以考虑服装上配饰拍摄
12	近景	背景音乐	
13—1	近景 特写	背景音乐	
13—2	长镜头+字幕	背景音乐	
14	特写	背景音乐	
结尾	空镜头+字幕	背景音乐	

知识拓展

短视频构图元素

在构图时,一般把画面元素分为主体、陪体、前景、后景、空白5个元素。

(1)主体是一幅画面的主要表现对象,在画面中起主导作用,是全局的焦点。一般情况下,在一幅画面中只能有一个主体。画面中所有的元素都是围绕着主体来组织的,主体具有集中观赏者视线的作用。

(2)陪体在画面中起陪衬、渲染主体的作用,帮助主体更好地表达主题。陪体在画面中陪衬、渲染、突出主体的元素,并与主体构成特定的氛围。

(3)前景是画面中最靠近镜头的某个事物,增强空间感和透视感。前景可以是树木、花草,也可以是人或动物等元素。在一些场面较大、景物层次丰富的画面中,常设计前景元素来烘托氛围。

(4)后景位于主体后面,渲染或衬托主体的环境景物就是后景,也称背景。主体可以没有前景,但是肯定有背景。在布局画面时,对后景的处理要求简洁,背景简洁能突出主体,背景复杂则容易分散观众对主体的注意力。

(5)空白是由单一色调的背景组成的,形成实体对象之间的空隙,来衬托其他的实体形象元素,沟通画面上各对象元素之间的联系,它在画面上是不可缺少的组成部分。

任务五 准备短视频拍摄设备与场地

【任务描述】

拍摄设备是拍摄优秀短视频的先决条件,对于拍摄者来说,如何根据拍摄内容准备不同拍摄设备也是一个有挑战性的工作。

本任务大家一起来学习如何根据拍摄要求选择合适的拍摄设备和场地,对于拍摄者来说能够根据拍摄内容准备不同的拍摄设备和选择合适的拍摄场地是日后从事短视频拍摄工作所必须掌握的。

【任务目标】

1. 能够根据拍摄要求准备短视频拍摄设备物料清单。
2. 能够根据拍摄要求准备短视频拍摄场地。

【任务需求】

计算机/手机。

【任务实施】

步骤1:根据拍摄对标短视频卫龙辣条——小面筋系列,结合前面所学的短视频拍摄设备相关知识,总结归纳短视频拍摄过程中需要用到的拍摄设备,阐明需要这些拍摄设备的理由,并完成表3-11的填写。

表3-11 短视频拍摄设备

食品类卫龙辣条——小面筋短视频拍摄需要的设备清单	理由

步骤2:在拍摄短视频之前,先要确定拍摄场地是在室内还是室外?拍摄短视频选取室外拍摄,需要根据短视频脚本来搭建摄影棚,确定拍摄风格;拍摄短视频选取室内拍摄,需要构建场景、准备能衬托环境的背景布和道具。室内拍摄场地比较容易控制,拍摄进度不容易受外界环境影响。

根据任务四卫龙辣条——小面筋系列的短视频拍摄脚本设计,分析所需拍摄场地,将拍摄场地需要注意的问题填写在表3-12中。

表 3-12　短视频拍摄场地

短视频拍摄场地确定	
拍摄场地	注意事项
室内拍摄	
室外拍摄	

知识拓展

灯光设备

1. 主灯

主灯作为主光源通常使用柔光灯箱，是一个场景中最基本的光源，能够将主体最亮的部位或轮廓打亮。主灯通常放在主体的侧前方。

2. 辅灯

辅灯作为补助光源，亮度比主光小，通常放在主光相反的地方，可以对未被主光覆盖的主体暗部进行补光提亮。主灯和辅灯的光比没有严格的要求，常见的是 2∶1 或 4∶1。

3. 轮廓灯

轮廓灯用于打亮人体的头发和肩膀等轮廓，增强画面的层次感和纵深感。轮廓灯的位置大致处在拍摄主体后侧和主光相对的地方。

任务六　短视频分镜头拍摄

【任务描述】

短视频分镜头把短视频画面以文字的形式进行分解，拍摄者需要根据解说词和画面配置音乐、音响，把握片子的节奏和风格等。

前面任务我们完成了对标短视频拍摄、短视频拍摄脚本设计，还根据拍摄需求选择合适的拍摄设备和场地，本任务我们将一起来完成食品类短视频卫龙辣条——小面筋系列分镜头拍摄。

【任务目标】

1. 能够区别 5 种景别并能应用到短视频分镜头拍摄中。
2. 能够根据短视频分镜头设计完成短视频的拍摄。

【任务需求】

计算机/手机。

【任务实施】

步骤1：认真分析自己在任务四中设计的卫龙辣条——小面筋系列短视频拍摄脚本，归纳运用了哪些景别，运用这些景别的优点有哪些？将分析归纳结果填写到表3-13中。

表3-13 卫龙辣条——小面筋系列短视频拍摄脚本运用景别分析表

景别名称	景别优点

步骤2：以小组为单位对照任务四中设计的卫龙辣条——小面筋系列短视频拍摄的分镜头脚本设计拍摄短视频。拍摄完成后每个小组将自己拍摄的短视频在同学面前进行展示。

知识拓展

黄金三秒定律

3秒钟，对短视频而言是一个十分重要的时间刻度。在抖音等短视频平台上，用户动动手指就能享受到刷之不尽的短视频"盛宴"，这让他们的耐心变得极度有限，如果一个短视频不能在前3秒内引发用户的兴趣与好奇，那么等待它的就只有被划走的命运。

纵观抖音短视频内容，不少创作者都在"黄金三秒"的内容上下尽了功夫，主要有以下几种形式。

1. 高诱惑力的前置信息

很多时候，我们需要在最短的时间内告诉用户"看完这条视频你能得到什么"，这可以靠信息前置来实现。通常，那些具有悬念性的、治愈力的、与用户日常生活关联度较高的，或者是有冲突感的信息，更能引起用户观看的兴趣。

2. 打破"第四堵墙"

"第四堵墙"（Fourth Wall）是一个戏剧术语，一般一个舞台的内景只有3面墙，面对观众席的那面在物理意义上不存在的"墙"，就被称为"第四堵墙"。在抖音等短视频平台上，不少创作者也通过打破"第四堵墙"的方式来吸引用户注意。例如，在视频的一开始，视频表演者就对着屏幕说"别划走"或"等一等，听我说完"，这其实就是采用了打破"第四堵墙"的手法，直接与用户"对话"，通过打破用户沉浸式的观看来达到吸引用户注意力的目的。

3. "耳虫"音效

对于短视频而言，音效也是一个非常重要的元素。抖音平台上那些高流量的作品，往往离不开各种流行的音乐片段，也就是所谓的网红"神曲"。这些音乐因为出现的频率高，往往能形成"耳虫"效应，让这些音乐片段不由自主地反复在用户的脑海中播放。

项目评价

学生自评表

序号	知识点	达标要求	学生自评	
			达标	未达标
1	短视频及优质短视频的区别	1. 能够说出短视频的定义 2. 能够说出什么是优质短视频 3. 能够描述短视频与优质短视频的区别		
2	主流短视频平台及平台规则	1. 能够说出主流短视频平台有哪些 2. 能够描述短视频平台规则		
3	对标短视频的脚本撰写方法及拍摄流程	1. 能够说出什么是对标短视频 2. 能够描述对标短视频的脚本撰写方法 3. 能够说出对标短视频的拍摄流程		
4	短视频脚本撰写及注意要点	1. 能够描述短视频脚本的撰写方法 2. 能够说出短视频脚本撰写注意的要点		
5	短视频拍摄的不同设备的优缺点和拍摄场地	1. 能够说出短视频拍摄不同设备的优点及缺点 2. 能够描述短视频拍摄场地的选择方法		
6	短视频分镜头拍摄的流程和技巧	1. 能够描述短视频分镜头拍摄的流程 2. 能够说出短视频分镜头拍摄的技巧		

序号	技能点	达标要求	学生自评	
			达标	未达标
1	根据网络搜索到的各大主流平台信息区别各平台及其规则的异同	1. 能够准确地搜集各平台资料 2. 能够对所搜集的资料进行分析归纳 3. 能够归纳出各平台及其规则的异同		
2	根据巨量算数网站平台的数据来辨别和分析优质短视频	1. 能够读巨量算数网站平台的数据 2. 能够根据数据辨别和分析优质短视频		
3	完成短视频对标模拟拍摄实践	1. 能够准确分析对标短视频 2. 能够根据拍摄流程完成短视频对标模拟拍摄 3. 拍摄符合要求		
4	短视频拍摄脚本设计	1. 脚本设计符合短视频宣传要求 2. 镜头运用、内容安排、音乐等合理 3. 具有一定的创新性		
5	根据拍摄要求准备短视频拍摄设备物料清单、场地	1. 能够根据拍摄需求准备拍摄设备清单 2. 能够根据短视频需求选择合适的拍摄场地		
6	短视频分镜头拍摄	1. 能够根据短视频分镜头设计进行拍摄 2. 懂得景别的运用 3. 拍摄能突出主题 4. 拍摄效果好		

续表

序号	素质点	达标要求	学生自评	
			达标	未达标
1	分析能力和归纳总结能力	1. 具备较强的分析总结能力 2. 保持思维活跃度，善于思考 3. 逻辑思维能力强，善于分析数据资料等		
2	沟通能力和团队协作能力	1. 思路清晰，语言表达流畅 2. 能够清楚地阐述自己的思路 3. 遇到问题能够主动与他人沟通并与团队协调合作，找到问题的解决办法		
3	信息素养和学习能力	1. 遇到问题，能够想到基于信息解决问题，至少找到一些解决问题的线索和思路 2. 学习能力强，能够主动学习新知识		
4	协同创新能力	1. 具备一定的创新精神，不墨守成规 2. 具备一定的分析、比较和综合能力 3. 创造性地提出问题和创造性地解决问题		

教师评价表

序号	知识点	达标要求	教师评价	
			达标	未达标
1	短视频及优质短视频的区别	1. 能够说出短视频的定义 2. 能够说出什么是优质短视频 3. 能够描述短视频与优质短视频的区别		
2	主流短视频平台及平台规则	1. 能够说出主流短视频平台有哪些 2. 能够描述短视频平台规则		
3	对标短视频的脚本撰写方法及拍摄流程	1. 能够说出什么是对标短视频 2. 能够描述对标短视频的脚本撰写方法 3. 能够说出对标短视频的拍摄流程		
4	短视频脚本撰写及注意要点	1. 能够描述短视频脚本的撰写方法 2. 能够说出短视频脚本撰写注意的要点		
5	短视频拍摄的不同设备的优缺点和拍摄场地	1. 能够说出短视频拍摄不同设备的优点及缺点 2. 能够描述短视频拍摄场地的选择方法		
6	短视频分镜头拍摄的流程和技巧	1. 能够描述短视频分镜头拍摄的流程 2. 能够说出短视频分镜头拍摄的技巧		

续表

序号	技能点	达标要求	教师评价	
			达标	未达标
1	根据网络搜索到的各大主流平台信息区别各平台及其规则的异同	1. 能够准确地搜集各平台资料 2. 能够对所搜集的资料进行分析归纳 3. 能够归纳出各平台及其规则的异同		
2	根据巨量算数网站平台的数据来辨别和分析优质短视频	1. 能够读巨量算数网站平台的数据 2. 能够根据数据辨别和分析优质短视频		
3	完成短视频对标模拟拍摄实践	1. 能够准确分析对标短视频 2. 能够根据拍摄流程完成短视频对标模拟拍摄 3. 拍摄符合要求		
4	短视频拍摄脚本设计	1. 脚本设计符合短视频宣传要求 2. 镜头运用、内容安排、音乐等合理 3. 具有一定的创新性		
5	根据拍摄要求准备短视频拍摄设备物料清单、场地	1. 能够根据拍摄需求准备拍摄设备清单 2. 能够根据短视频需求选择合适的拍摄场地		
6	短视频分镜头拍摄	1. 能够根据短视频分镜头设计进行拍摄 2. 懂得景别的运用 3. 拍摄能突出主题 4. 拍摄效果好		

序号	素质点	达标要求	教师评价	
			达标	未达标
1	分析能力和归纳总结能力	1. 具备较强的分析总结能力 2. 保持思维活跃度,善于思考 3. 逻辑思维能力强,善于分析数据资料等		
2	沟通能力和团队协作能力	1. 思路清晰,语言表达流畅 2. 能够清楚地阐述自己的思路 3. 遇到问题能够主动与他人沟通并与团队协调合作,找到问题的解决办法		
3	信息素养和学习能力	1. 遇到问题,能够想到基于信息解决问题,至少找到一些解决问题的线索和思路 2. 学习能力强,能够主动学习新知识		
4	协同创新能力	1. 具备一定的创新精神,不墨守成规 2. 具备一定的分析、比较和综合能力 3. 创造性地提出问题和创造性地解决问题		

课后拓展

【拓展知识】

为短视频挑选合适的背景音乐

为短视频挑选合适的背景音乐是非常重要的，通过添加音乐，可以让观众快速产生共鸣，感受到影视中的人物情绪。所以，在懂得如何为视频选择音乐的基础上，能够准确选出与短视频相匹配的音乐，才可以更好地诠释短视频内容。那么，选择合适的视频背景音乐我们需要做到哪些？

（1）提高乐感。专业的影视制作，如影视制作或大型广告制作，会找专门的音乐制作人制作作品的音乐，而一般的短视频剪辑需要编辑人员独自完成工作。因此，编辑必须听不同类型的音乐和风格，以提高自己的音感，如果有必要，还应该学习一些音乐理论的知识。如果知道一首歌的旋律、节奏、结构、节拍等，就可以在需要的时候更准确地剪辑音乐。

（2）建立音乐库的意识。平时不能只是听音乐，还需要建立自己的音乐库。同时，在听音乐时，也要考虑这种音乐适合什么样的画面，这样的练习可以提高声音与绘画结合的能力。在此之后，需要对不同种类的音乐进行分类，不仅是音乐，还有各种各样的声音，所以，在平时需要注意更新音乐库。

（3）树立音乐版权的意识。在一个尊重内容创作的时代，必须培养版权意识，特别是在商业领域，平时告诉自己，很多东西都不是免费的。当然，如果只是想练习编辑，或只是想分享你的作品，有一些免费的音乐，但最好在视频中包含出处。

无论是抖音这类的短视频平台，还是西瓜视频一类的自媒体平台，背景音乐都是一个视频的灵魂。为短视频挑选背景音乐的实用技巧主要有以下几个：

（1）口播类视频：大部分都是人物说话及表达的场景，尽量去选择一些不带有歌词的背景音乐，音量控制在20%左右即可。

（2）音乐类视频：音量放高，以音乐高潮部分作为视频开头。

（3）各种类型的视频：背景音乐要与视频内容相匹配。

视频匹配好背景音乐后，自己多听几遍，调整到最佳状态。这样就能选择好短视频中的背景音乐了。

思政园地

【思政案例】

奥迪汽车广告短视频文案涉嫌抄袭

2022年5月21日是二十四节气中的小满。小满节气当天，汽车品牌一汽奥迪把超级巨星刘德华广告进行投放，以小满传统文化来历的名字主题发布了一则短视频。短视频发布后好评如潮，甚至有人说这是近年来最好的汽车广告。短视频发布当晚，拥有数百万粉丝的博主"北大满哥"发视频表示，奥迪的这个广告文案是抄袭他的文案。从"北大满哥"视频中的对比来看，奥迪的广告堪称是"像素级抄袭"，部分网友甚至戏称为"查重率99.99%"。

虽然抄袭并不涉及产品质量缺陷等层面，但如此赤裸裸没有底线的抄袭，在这个人人皆是自媒体，信息传播速度呈几何级增长的当下，对于一汽奥迪在华树立多年的豪华品牌形象而言，无疑是一次沉重的打击。就像人民日报在其官微说的那样，保护原创就是保护创新，抄袭是行业丑闻，更涉嫌违法，必须零容忍。这起事件不能以道歉结束，而应成为行业的反思契机。

5月22日10点左右，一汽奥迪通过官方微博回应，已经注意到该短视频存在文案侵权的相关讨论，公司就该事件中因监管不力、审核不严给刘德华先生、北大满哥及相关方造成的困扰，表示诚挚的歉意，并诚恳地向原作者道歉，同时承诺尽最大努力弥补对原作者的损失。

请针对上面案例思考以下问题：

1. 短视频侵权行为会带来什么样的后果？
2. 如何理解短视频制作的原创性？

项目四

短视频后期制作

项目导读

近年来，短视频因传播范围不断扩大、用户数量不断增加，逐渐成为人们表达自身情感和分享日常生活的重要渠道。越来越多的用户通过拍摄短视频的方式记录自己的日常生活，并上传至网络平台，与其他用户分享和交流。但是，很多用户制作的短视频在内容方面存在一定的不足，如后期处理不够细致、内容过于同质化等。所以，短视频制作者需要深入分析短视频的特征并了解其传播规律，灵活运用制作技巧，创作出更多高质量的短视频。

随着网红经济的出现，视频行业逐渐崛起一批优质 UGC 内容制作者，微博、秒拍、快手、今日头条纷纷入局短视频行业，募集一批优秀的内容制作团队入驻。到了 2017 年，短视频行业竞争进入白热化阶段，内容制作者也偏向 PGC 化专业运作。

一部真正优秀的片子，它的每个镜头应该都是经过深思熟虑的，后期要做的仅仅是一些简单的处理。但是实际上，一场没有瑕疵的拍摄并不存在，一些想要的效果也可能是拍摄过程中所不能实现的。此时，后期制作的作用就凸显出来了。

本项目将带领大家进入短视频后期制作的模块，学习短视频后期制作流程、制作思路与方法。

教学目标

知识目标

1. 了解什么是短视频后期制作、短视频后期制作的重要性及其发展现状。
2. 了解短视频后期制作与传统后期制作的区别。
3. 熟悉短视频后期制作的风格。
4. 了解剧情类短视频视觉元素、听觉元素、视听结合及镜头拍摄手段的应用。
5. 掌握剧情类短视频脚本的撰写技巧和方法。
6. 掌握剧情广告类短视频制作的流程。
7. 了解几种常用的短视频剪辑软件的区别。

☞ 能力目标

1. 能够使用剪映软件对提供的素材进行剪辑与合成。
2. 能够使用剪映软件给视频进行配音、配乐。
3. 能够使用剪映软件来制作短视频特效。
4. 能够根据剧情广告类短视频脚本设计流程来设计剧情广告类短视频分镜头脚本。
5. 能够根据剧情广告类短视频分镜头脚本完成剧情广告类短视频制作。

☞ 素质目标

1. 具有团队合作精神和协作能力。
2. 具有交流沟通能力。
3. 具有信息素养和学习能力。
4. 具有独立思考和创新能力

思维导图

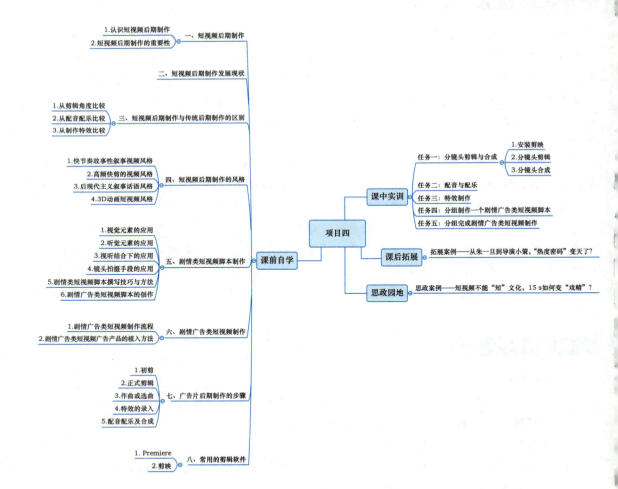

课前自学

一、短视频后期制作

1. 认识短视频后期制作

短视频后期制作是指用实际拍摄所得的素材,通过动画和特效等手段制作出来,然后把短视频的片段镜头剪辑到一起,形成完整的短片,并且为短片制作声音,如图 4-1 所示。

网络与影视行业的发展存在重要的联系,也逐渐提高了人们对于视频质量的需求,因此,影视行业必须增强视频制作水准,从而满足观众的不同需求。短视频制作过程涉及关键技术与软件的应用,但是目前视频编辑技术与软件越来越多,可以解决视频后期制作的困扰,多样化的软件可以随意选择,根据视频制作要求,完成后期剪辑、特效等操作,呈现出更好的视觉效果。需要注意相关技术与软件的选择,要根据视频本身的类型选择,例如,MV、纪录片等需要采用视频剪辑软件,而微电影、网络剧需要影视特效,甚至会涉及 3D 模型、三维合成,从而完成视频后期制作。

不同的视频类型制作,对于剪辑师的能力与要求也有较为明显的差距。例如,短视频剪辑师,对于视频后期剪辑能力要求较高,包括艺术修养、审美意识等;商业广告短视频剪辑就不需要太高的技术要求,大多会根据甲方的要求进行视频后期制作。在短视频平台的发展下,越来越多的人投入短视频后期制作,不仅是相关行业工作者,也包括较多零基础的人,此类视频剪辑要求不多,但想要真正做好视频后期剪辑,都要熟练掌握剪辑技术和软件。

一般来说,视频后期特效制作大多以短视频为主,尤其现代风格的短视频行业,都会采用视频后期特效制作,以此来呈现出更好的视觉效果,满足观众的观看体验。目前有很多特效短视频都是依靠后期特效制作打造出奇幻的世界,也有不少广告利用视频后期特效制作,提高其本身的质量与水准。视频后期特效制作涉及的软件与技术较多,必须要有专业的能力才能融入影视特效制作,例如,常见的 Pr、AE、剪映都能进行特效编辑,并在视频后期特效制作中发挥重要的作用。此类软件对于普通人来说操作较难,需要详细掌握其功能特点、操作手法才能实现特效制作。另外,如 3D 等影视后期软件,更是需要较强的专业能力才可以掌握,并完成视频后期特效制作、文字与声音的修饰。

2. 短视频后期制作的重要性

后期制作是整部片子的关键。一场没有瑕疵的拍摄并不存在,一些想要的效果也可能是拍摄过程中所不能实现的。此时,后期制作的作用就更加重要,它能够实现很多在真实拍摄中无法实现的效果。后期制作的另一个重要任务就是去粗取精。如何在拍摄的镜头中选取最佳的那个镜头,如何把有残缺的镜头补充完整,如何把整个片子的色调调得更唯美,这也是后期制作要进行的工作。

二、短视频后期制作发展现状

自 2012 年以来,中国经济不断增强,智能手机大面积普及,人民生活水平日益提高,全面小康生活的目标越来越近,影视类视频也发生了很大的变化,由传统的电视电影转变为短视频,受众群体越来越多,短视频以精悍、短小的特点,符合当代年轻人的生活方式,在制作上会更随意,更贴近生活,因此大受欢迎,同时也催生了一系列短视频后期制作相关的软件,如剪映、编辑星、Pr(Adobe Premiere Pro)、AE(Adobe After Effects)、Final Cut Pro 等剪辑软件,如图 4-1 所示。

图 4-1 后期制作软件

但自 2017 年起,短视频行业进入竞争白热化阶段,发展良好的背后,却隐瞒了很多问题,大多数的短视频沦为抄袭的重灾区。一些优质的短视频,未经允许被"搬运工"和"剪刀手"稍做处理,成为吸引流量的工具。同一内容的短视频被"掐头去尾",重复出现在不同平台,不仅令观众疑惑,更令视频原创作者烦恼,大大制约了短视频行业的创作环境。短视频的发展短板令人担忧,内容创作同质化严重,玩模仿、秀萌宠、拼搞笑的老把戏新意匮乏;平台只顾短期盈利,长期规划不足;监管不力、版权保护缺位,低俗内容和创意抄袭大行其道。要谋求长远发展,短视频平台须踢开优质内容匮乏、盈利能力不足、监管环节薄弱三大"绊脚石"。

相比其他信息传输方式,短视频具有"即拍即发、传播快速"的特征。一方面,很多平台在向用户推荐短视频时,都会灵活运用算法机制,先通过数据分析掌握用户的喜好并画像,然后有针对性地推送相关短视频作品,从而提高短视频传播效率;另一方面,用户在观看短视频的同时,不仅可以对该视频发表自己的看法,还可以将短视频作品分享给他人,进而对作品进行二次传播。

当一部短视频作品引起广泛关注后,平台算法机制会将该视频推荐给更多用户,参与讨论的人就会不断增多。每位用户都可以通过平台发表自己的观点并积极地与他人进行互动,了解其他人的想法。在观看短视频的同时,用户还可以通过发送弹幕的方式表达自己的看法,视频制作者也可以更好地与用户进行互动,搜集用户反馈的信息。

在我国,利用数字非线性编辑进行短视频剪辑发展十分迅速,很多专业、非专业人士都已经广泛使用。短视频后期制作也随着短视频发展而发展,它不同于传统的影视后期制作,相反它更简单快捷,会随着视频创作者的想法随意制作,因此存在着很多不确定性和创意。

短视频后期产业的竞争就像是一场综艺选秀,抖音、快手等短视频平台是赛事举办方,算法机制是比赛规则,视频创作者是参赛选手,而短视频用户是观众。

在走过了这几年的潜伏期、成长期、爆发期之后,即将迎来成熟期的短视频行业,只有真正具备创新基因和差异化发展的创业团队,未来才有可能迎来突围的机会。

三、短视频后期制作与传统后期制作的区别

1. 从剪辑角度比较

短视频后期剪辑相比于传统后期剪辑要更简单，更易上手。传统后期剪辑要使用计算机，一般要使用 Pr、AE、AU、达·芬奇等专业剪辑软件制作，再加上传统影视制作篇幅大、内容多，因此剪辑难度大、操作复杂，很难上手。而短视频后期剪辑就比较简单，用手机剪辑软件即可，以剪映为例，在剪映的操作介绍里，写的是：简单好用，快速自由分割视频，一键剪切视频；0.2~4倍，节奏快慢自由掌控；时间倒流，感受不一样的视频；多种比例和颜色随心切换；支持交叉互溶、闪黑、擦除等多种效果。剪映的底部基础功能和快影类似，都是剪辑、音频、贴纸、滤镜、特效、比例等，剪映导出的视频没有水印，但分享的路径非常单一，只能分享到抖音。也许是因为号称抖音官方剪辑工具，契合度可谓天衣无缝。

相比长视频，短视频的制作更为简单：一方面，使用的设备简单，长视频需要借助大型的设备进行录制，短视频在制作时仅用一台手机或数码相机就能进行拍摄；另一方面，后期制作简单，用户在完成短视频的拍摄之后，只需借助简单的剪辑软件就能够对视频进行处理，如抖音推出的剪映就可以轻松地完成视频剪辑，用户可以在应用上根据制作需求给视频添加特效、字幕、滤镜、贴纸、花字等细节，这些功能丰富的视频剪辑应用极大地降低了视频制作的难度。

2. 从配音配乐比较

传统的后期配音配乐属于话筒前的语言艺术范畴，但它不同于演播，挖掘书面含义后，可以自己根据理解去设计语调、节奏；也不同于新闻、科教片的解说，可以根据画面平叙直述、娓娓道来。影视配音要求配音演员绝对忠实于原片，在原片演员已经创作完成的人物形象基础上，为人物进行语言上的再创造。它使配音演员受到原片人物形象、年龄、性格、社会地位、生活遭遇、嗓音条件等诸多因素的限制，不允许演员超越原片自由发挥，另立形象；同时，又要求配音演员根据片中人物所提供的所有特征，去深刻地理解、体验人物感情，然后调动演员本身的声音、语言的可塑性和创造性去贴近所配人物，使经过配音的片中人物变得更丰满、更富有立体感。

短视频配音配乐不同于传统配音配乐，短视频配音配乐目的性更强，因为视频比较短，所以在剪辑部分会以高潮部分为主，这样更容易确定短视频的基调与节奏，有利于快速烘托气氛、表达情绪，吸引观众注意。因此，在制作配音配乐时，尽量做到不拘小节，开门见山。

新媒体短视频制作不仅需要用到特效、字幕、背景音乐等元素，还需要对声音和画面进行重组，只有这样才能将作品更好地呈现给观众。但由于时长限制，短视频需要在较短的时间内清晰完整地表达作品的主题并吸引人们关注。因此，创作者对于作品节奏的把握会直接影响受众的观看体验。在剪辑处理短视频时，创作者需要注意的一个方面就是音乐的节奏感。音乐节奏对于短视频最终的呈现效果有重要影响。短视频虽然内容精简，但是仍然需要注意故事情节发展的合理性和内容的完整性。在后期处理过程中，创作者可以通过把握音乐的节奏来增强视频的节奏感，从而助推故事情节。如作者在制作《风味人间·炸鸡》这部作品时加入了不同风格的音乐，在制作炸鸡前以紧凑的锣鼓开场，在制作炸鸡的过程中则采用

比较舒缓的音乐，视频通过音乐节奏的变换渲染城市烟火气息，生动地呈现了"人间风味"的主题。

3. 从制作特效比较

传统后期特效相对来说比较复杂，如 AE 粒子特效和 3D 动画特效等，常用于长篇电影电视制作，制作难度大，往往需要很多经费。在制作短视频的过程中，特效一定是少不了的。尽管短视频只有几十秒，但特效选对了，同样可以为短视频增色不少。短视频后期特效制作相对而言会比较简单，制作的特效还大多是"五毛钱特效"，在视频中往往只是点缀作用。短视频的特效会根据视频节奏、气氛、类型等多方面因素来制作，也会制作一些简单 GIF 动画、文字特效等效果。

短视频特效的类型有很多种，按照其大范围的分类，将其分成转场特效、文字特效及动画特效三大部分。在这三大部分中又各自包含着很多细小的分类，像动画特效根据主题的不同可以划分出科技、水墨等多种风格。

短视频中的特效并不是越多越好，而是要恰如其分地选择正确的特效。在为短视频选择特效时，一定要看特效的风格、速度等是否与视频的主题相符合。例如，制作的视频如果是科技感十足的短视频，那就不适合在里面添加缓慢或偏向文艺的特效，用一些具有科技感的快速转场或粒子特效等，效果会更好一些。

四、短视频后期制作的风格

1. 快节奏故事性叙事视频风格

> **博学多闻**
>
> **快节奏故事性叙事——绵羊料理**
>
> 一开始，绵羊料理的视频并没有出现过任何宠物，仅凭借个人风格和视频内容成为百万 UP 主。后来绵羊料理养了宠物"章三连"，并将其融入视频中。除美食博主外，绵羊还有另一层身份：相声演员。在 B 站，她是出了名的押韵狂魔。看绵羊料理的视频是一种怎样的体验？"本来想上美食课，结果被迫上了语文课。"如一碗三虾面，从制作到口感，文案都被她玩出了花，形容制作艰难是这样说的："反复尝试，加上季节的恩赐，才有了这碗身价过百的面中爱马仕。"

快节奏故事性叙事风格剧本上，情节跌宕起伏，伏笔、转折接连不断，台词笑料满满。若没有长期的积累，绝不可能写出这样优秀的情节与旁白；配乐上，虽然没有原创音乐，但绵羊料理选取的背景音乐（BGM）和音效与场景氛围贴合完美，给视频观看者很好的代入感；剪辑上，绵羊料理将台词碎片化，以"短、平、快"的方式向观看者"狂轰滥炸"，给人一种"听得很爽"的感觉，这种剪辑方式在她早期的视频中发挥得淋漓尽致，甚至形成了专属她自己的风格。当绵羊料理声名鹊起时，有很多视频制作者都尝试模仿这种剪辑方式，并加入了一些自己的东西，同样取得了很大的成功（图 4-2）。

快节奏故事性叙事风格成功的基础：独创性、利益点、传播关键点。

图 4-2　绵羊料理拍摄视频

2. 高频快剪的视频风格

> **博学多闻**
>
> 高频快剪的视频风格——张同学
>
> 　　张同学的视频并没有优美的风景、酷炫的特效，甚至没有用流行的 BGM，但独特的东北农村场景让网友感受到别样的精彩。"张同学"不到两个月，粉丝涨到720多万。其视频剪辑节奏快，衔接流畅，引不少专业人士分析，网友认为他有专业团队，张同学回应："没有团队，就是一个热爱生活的农村人"。

　　高频快剪风格多强调镜头衔接的逻辑性，而少强调镜头动作的设计感，这样的方法运用到短视频中正好合适，不需要花费更多精力在动作设计上，能很好地提高效率和节约成本。

　　第一，张同学的镜头时间长 2.27 s，是张同学 186 个分镜的平均镜头时长；第二，分镜头拆解细腻，堪称大片，在影视剪辑中，一旦使用了高频快剪，就必须得有个前提，叫作如何让动作设计匹配剪辑或叫作引导剪辑，张同学虽然没有动作设计，但他是严格按照动作片的逻辑来拍摄的，而且分镜拆解细腻；第三，第一人称视角拍摄，张同学有意识地营造第一人称视角，从而形成他自己的风格，他全片有很多手持主观镜头，看起来很随意，有的镜头是别人帮助拍摄的，但他依然坚持模拟第一人称视角，目的就一个：代入感，行话说就是让观众入戏（图 4-3）。

　　高频快剪的视频风格成功的基础：专业性、叙事性、持续性。

图 4-3　张同学视频截图

3. 后现代主义叙事话语风格

> **博学多闻**
>
> **后现代主义叙事话语风格——朱一旦的枯燥生活**
>
> 朱一旦的故事场景基本上就是办公室、路边咖啡馆这些生活中随手可拍的场景，手机竖屏拍摄，没有打光，演员都是非职业演员，故事情节荒诞不经，人物行事毫无逻辑。但这并不意味着朱一旦真的很粗制滥造，因陋就简，反倒形成了一种耐人寻味的无厘头风格。

朱一旦叙事风格以独白为主，在叙事风格上，其短视频采用平民化视角、感性化表达和黑色幽默，体现了浓厚的后现代主义特征。然而，也正是由于这些特性，使其短视频具有价值的双重性——它反映了现实生活，但是支离破碎；它寻求用户与市场共同参与，但容易被利益裹挟。朱一旦更是踩在周星驰、沈腾、白客（罗宏明）等前辈的肩膀上，把这种情感刻画到登峰造极的程度，如图4-4所示。

图4-4 朱一旦的枯燥生活剪辑片段

后现代主义叙事话语视频风格成功的基础：反讽、黑色幽默、独立性。

4. 3D 动画短视频风格

> **博学多闻**
>
> 3D 动画短视频——一禅小和尚
>
> 　　一禅小和尚画风精美、制作精良、色彩鲜艳明亮，被认为扛起中国动画崛起的大旗。它与主流短视频定位完全不同，在一众以帅哥美女、搞笑剧情为主的潮流中反其道而行，以归隐人物形象给都市繁忙的大众一个心灵得以休息的地方。剧中人物包括老顽童爷爷、天、阿斗、一禅、乌咚、阿难等。这部系列视频中包含了大部分人遇到的难题，然后它会借着对话告诉人们应该如何应对、如何处理。每一集的时间都不长，但是每集都令人寻味，一个个暗含哲理的小片段浅显地讲出道理。

　　动画系列短片《一禅小和尚》是一部网络动画，角色形象活泼可爱，吸引人，文案主要以走心为主，讲解人生道理，视频短小、精悍、深入人心（图 4-5）。

　　3D 动画短视频成功的基础：卡通动画、趣味新颖、哲理性。

　　影视作品的"故事性"是吸引观众的关键。虽然短视频时长有限，无法像影视作品那样通过各种方式来为作品设置悬念、突出作品的戏剧性和冲突性，但是制作者可以改变叙事方式来增强作品的感染力。例如，系列美食短视频《万物滋养》虽然以美食为题材，但是每期节目会重点讲述一个与植物食材相关的故事。短视频作品通过故事化的手法与受众进行交流，充满浓厚的生活气息，具有较强的观赏性。

图 4-5　一禅小和尚

　　短视频快速发展的同时，参与创作的主体也不断增多。不同的创作者制作出来的短视频在风格、内容方面都存在差异。尤其是在新媒体技术的加持下，很多短视频创作者纷纷推出独具特色的作品。因此，短视频创作者需要认真观察生活，积极寻找新的题材，融入多种时代元素，并在后期制作中选择恰当的与内容相符的制作风格，更好地表达自己的感想和观点，充分发挥短视频在促进社会精神文明发展方面的作用。

五、剧情类短视频脚本制作

　　剧情类短视频就是演员根据脚本演绎一段故事，几分钟的视频呈现给用户一段剧情。这个剧情可以是各种风格的，就像电视剧一样，有的剧情有笑点，引起观众大笑，有的有剧情的反转，有的剧情可以引起共鸣，有的剧情还可以触及观众痛点。这类短视频非常受用户欢迎，在各种平台很火。

　　对于剧情类短视频而言，其审美体验主要取决于人们的感官感受，如视觉、听觉等。因此，在将影视语言应用于短视频创作时，应注重影视语言带来的视听感受，从而立足于影视艺术与剧情类短视频之间的联系，创作出高水平的剧情类短视频作品。

1. 视觉元素的应用

视觉感官是人们获得观看体验的主要感官。作为新兴媒介，剧情类短视频的观看体验具有鲜明的运动性、画面性特质。相较于内容的创编、音乐的配合等方面，人的视觉习惯是短视频创作时要考虑的首要因素，如画面尺寸、视角等方面确保受众能够接受，所以要准确把握大众的视觉规律。除此之外，还要以此为基础加入来自创作者的主观意识，同时统筹规划细节元素，如光影、构图、景别、颜色等，通过围绕短视频核心内容对这些元素进行合理编排，能够使剧情类短视频作品具有独特的风格。

（1）构图元素。作为剧情类短视频画面拍摄的重要元素，在绘画艺术长久发展下，学者和相关研究人员掌握了一些构图规律，明确认识到视觉感受、心理效应与构图之间的关系。然而与画作不同，视频具有动态化特点，画面中的事物往往不会保持不动，为推动剧情发展，镜头也处于运动状态。另外，对于短视频而言，其观看方式多是移动智能设备，如手机视频内容的呈现形式多为竖屏，所以，在将影视语言应用于短视频创作时，还要注重画面构图特点。但是在实际操作中，往往会出现难以把控人物距离、画面距离的情况，如较近的距离会给观众带来较强的突兀感；而距离较远，又较难区分景别，且顶部容易出现空白，最终出现构图不均等不利于内容呈现、视觉感官感受等情况。所以，在融入视觉感官的构图元素创作剧情类短视频作品时，可以通过镜头焦距、物距的变化，来创作景深镜头，以此填满空旷的画面，或做出适当的留白，不仅起到丰富画面的作用，也能够增添意境美。

（2）景别要素。对于剧情类短视频而言，景别创作深受影视艺术传承影响。从发展现状来看，景别分别为远景、全景、中景、近景和特写，短视频中不同景别的选择也会影响受众的视觉体验。因此，在将视觉元素应用于剧情类短视频作品创作时，要合理策划景别的转变，以角色心理变化、剧情推进转折为基础，给受众带来更好的视觉体验。另外，由于短视频作品的呈现形式为竖屏，即便竖屏远景采用最广的拍摄视角，其最终呈现的效果也比不上横屏远景。这不仅体现在环境与人物关系方面，还体现在人物交流、情感变化等方面。因此，在对景别转变进行控制时，创作者应充分发挥竖屏的作用，即亲和性，使受众能更为清晰地看到视频内人物的表情、神态。所以要合理设计景别，以扬长避短的方式创作别具一格的剧情类短视频作品。

（3）色彩搭配。作为视觉元素的重要构成，剧情类短视频中的色彩搭配直接关系到视觉体验的真实性，色彩作为一种与人们思想精神、情感、象征相联系的元素，色彩氛围可以感染受众内心，使其与作品内容产生共鸣。在创作剧情类短视频时，不可盲目运用色彩要素，创作者要正确认识到色彩对受众情绪的影响是潜移默化的，创作时要将其摆至调和剂的地位，如铺垫主题情绪、铺垫潜意识思想等，将色彩这一视觉元素与精神意识、心理建设相结合，从而提高创作水平。

（4）光影。作为剧情类短视频中不可或缺的视觉元素，光影设计直接影响人们对事物的感受。创作剧情类短视频作品时，应根据视频剧情推进、转折，在遵循光影规律情况下挖掘事物的表现力，如控制光源方向、巧设明暗关系、注意冷暖色调的使用等，以此营造出符合视频剧情的视觉韵味，塑造鲜明的人物性格和作品风格。

2. 听觉元素的应用

听觉元素作为影视视听艺术的重要构成，也是影视语言的重要组成。人声、音乐、音效是构成听觉元素的成分，所以，在将听觉要素运用至短视频创作中时，为增强作品空间感和立体感，应充分发挥人声、音乐和音效的作用，让短视频作品拥有超出二维画面空间的能力，提高剧情类短视频作品的生动性和完整性。

（1）人声。非叙事镜头的主要叙述语言包括口述对话、内心独白和画外音旁白三种。在剧情类短视频中，口述对话是最为常见的一种人声表达方式，在呈现人物关系的同时推动剧情发展，让受众感受到人物在当前故事情节下的心境和思想。若剧情类短视频在创作过程中涉及对话，要尽量选用自然、朴素的话语，同时，根据人物特点运用个性化特征的语言，然后自然地说出对话，以此带动受众进入视频情境。在非叙事镜头中，语言的安排需要在丰富的底蕴和内涵基础上进行创作，一句具有潜在意义的语言往往会成为整个视频的点睛之笔，点题式语句或强烈的暗示能够引起受众内心深处的共鸣。旁白的运用主要是补充剧情和背景，其夹杂着创作者的主观意识形态，一些旁白直接是人物叙述，所以更接近人物真实想法，这对塑造人物形象、个性具有巨大作用。以《朱一旦的枯燥生活》为例，其利用人物的内心独白推进剧情，以讽刺、批判的方式表达着创作者的思想意识。

（2）音乐。作为一种时间艺术，音乐具有极强的动态性，是接近人们内心的艺术形式。对于剧情类短视频而言，音乐也具备重要的作用。在使用音乐创作剧情类短视频时，可以将其用作背景音乐，增强短视频的生动性。但是在短视频不断发展的情况下，还可以将其立足于剧情发展与音乐之间的韵律关系上，以此发挥剧情铺垫、推进、气氛营造等作用，顺利呈现视频主题。另外，若是想要营造氛围或推进剧情转折，则最好选用纯音乐，而歌曲可以应用于叙事镜头和非叙事镜头中，发挥代替人物说话、抒发人物内心的作用，呈现一种隐含内敛的情感。

（3）音效。在剧情类短视频中，音效包括作品内的所有声音，如动作、摩擦、碰撞等多种声音，其发挥的作用主要是点睛。由于拍摄场景、环境的限制，一些声音需要后期添加，所以后期制作音效时，创作者要注重音效的艺术性运用与制作，利用剪辑技术增强短视频作品的真实性、完整性及趣味性。

3. 视听结合下的应用

单一的听和单一的看，都无法完整呈现剧情类短视频的内容与情感，所以，在运用影视语言时，相关创作人员要明确认识到短视频也是一门视听结合的艺术，在创作时要充分发挥视听结合在强化视频表现力方面的作用。在当代大众审美需求下，短视频创作者可以根据自身需求灵活选择视听结合的艺术处理方式。一是声画同步，即完全一致的画面与声音，这一方式便于受众理解视频内容；二是声画分离，即声音与视频画面步调不统一、变换不同步、声形不配合等，虽然其整体观感不够协调，但能够让受众感受到剧情的推进、变换，一般情况下，可以将该艺术处理方式运用于剧情转场等节点；三是声画对立，即两者相互对立、矛盾或反差，最终又相互配合，与声画分离艺术处理方式较为类似，不同之处在于声画对立在情感表达上与画面相对立，所以可以将其运用于矛盾性短视频剧情，或具有激烈冲突的画面上，利用既对立又统一的关系反映视频核心。

4. 镜头拍摄手段的应用

剧情类短视频作为当前受众广泛的新兴媒介，为创作出更好的作品内容，影视语言的应用不得局限于视听感官，还要注重视频镜头运用、拍摄手法。

（1）蒙太奇。蒙太奇手法是电影中的常用拍摄、剪辑手段。作为影视艺术中的专业名词，蒙太奇是当今影视作品创作极具实用价值的理论基础。随着人们对影视艺术审美接受度的提高和当今影视艺术的发展，蒙太奇已经成为短视频作品创作中常用的一种审美要素。所谓蒙太奇，主要是指对镜头进行组接的艺术手法，在该思维理论下创作剧情类短视频作品时，创作者要从初始阶段进行蒙太奇构思，进而确保视频最后呈现理想的剧情画面和节奏。从当前发展状况来看，蒙太奇可分为叙事蒙太奇、表现蒙太奇、理性蒙太奇三大类别。第一，叙事蒙太奇。作为剧情类短视频中常见的艺术手法，其主要是立足于剧情发展环节，如故事发生的因果关系，后续层层推进的情节逻辑等，以此为基础剪辑、拼接镜头，完善故事情节叙事，表现冲突反转，便于受众对短视频内容的理解。第二，表现蒙太奇。该艺术手法致力于增强创作者主观表现力和情感烘托，其组接的镜头往往不具备直接联系，以此向受众展现画面之外的情感意识和情绪，给受众带来较大的想象空间。第三，理性蒙太奇。该艺术手法对镜头的组接主要是为了让受众领悟到视频主题或哲学思想，对于蒙太奇创作而言，最高的成就就是跳出剧情，吸引受众进入高级意识形态，如抽象思想、哲学思想、文化意识、价值观念等。

（2）长镜头。所谓长镜头，主要是指具有较长拍摄时间的单一镜头，但并没有明确界定拍摄时间，其"长"的概念仅是与蒙太奇"短"镜头时间相对应。虽然蒙太奇这一艺术手法的表现形式较为巧妙，尤其是长短两种镜头的对比下，碎片式的镜头通过剪辑组接后，能够呈现完全不同的感情色彩和叙事性，且丰富的镜头内容也能够时刻吸引受众的关注度，但是在表现同一时空两个以上的动作并要求连贯性时，蒙太奇的艺术手法就不太适用了。所以，创作人员须合理使用长镜头，灵活选用固定型、变焦型、景深型和运动型镜头进行拍摄。由于长镜头具有较强的稳定性，给受众带来一种更加认可人物的潜意识心理，在实际运用时要注重人物与背景之间的顺滑切换和动作的连续性，优化人物和事物之间的切换，高质量地处理运动场景。

5. 剧情类短视频脚本撰写技巧与方法

（1）反转型。

公式：交代情境→抛出矛盾冲突→解决矛盾→转折→结尾。

在剧情的发展中，让观众在看视频时有"过山车"式的心理。

举例：一名美女司机穿戴时髦、妆容精致、表情冷酷、动作娴熟、装备专业，给观众营造了一种英姿飒爽、路上老司机的高手形象。

接下来，美女转头尴尬地一笑，对副驾驶的教练说："不行，教练！我还是紧张……"瞬间反转了女司机的高手形象，变成一个初学乍练的"菜鸟"。

（2）倒叙型。

公式：矛盾激化→故事背景→解决矛盾→意外→转机→开放式结局。

在平铺直叙的故事基础上，将故事中矛盾最激烈、最吸引人的环节前置，上来直接进入故事高潮，不需要进行前期的铺垫。

举例：两个女生在街上拉扯不清，原因是某男性和漂亮的女生亲密地逛街，不料被土气的女友撞见，女生当面羞辱女友。

从此女友励志要变美、变成男友高攀不起的样子。后来，男友再看到女友时，肠子都悔青了……

（3）通用型。

公式：痛点引入→干货分享→常规结尾/剧情反转。

通用型不用设计太多的分镜，拍摄时可以按照分镜的顺序拍摄，也比较简单。

举例：纸质考勤表要打印很多页，很不方便；动态考勤表的好处就是可以实时更新，不用重新打印。说完痛点以后，可以顺理成章地接着上"干货"分享。

我刚刚给老板介绍了这个动态考勤表，解决了老板的问题，老板应该会表扬我才对，结果老板却说："你刚刚教了一分钟，正好迟到一分钟，扣你300"。

剧情类短视频创作者应该沉淀下来思考如何提升视频内容的质量，深度挖掘对于用户来说真正有价值的信息。

6. 剧情广告类短视频脚本的创作

剧情广告类短视频必须提前写好完整的脚本，因为在拍摄之前要给客户看，客户觉得可以才能拍摄，不能一边拍摄一边调整。剧情广告类短视频脚本案例见表4-1。

表 4-1　剧情广告类短视频脚本

一分钟漫画视频之刹车失灵前兆							
序号	景别	画面内容	解说词	字幕	音乐	音效	时间
1	全景	画出蓝小帅，站在一辆车前	大家好，我是老司机蓝小帅		欢快、富有节奏感的音乐		2 s
2	近景	蓝小帅开车在公路上行驶，镜头切到车内，刹车拟人化，刹车失灵	俗话说得好，再帅的车技敌不过一个小小的刹车		欢快、富有节奏感的音乐	刹车声	4 s
3	远景	切到车外，蓝小帅连人带车摔下悬崖	刹车一旦失灵，弄不好就车毁人亡呀！		欢快、富有节奏感的音乐		3 s
4	全景	蓝小帅在画面中间，旁边画了好几个拟人刹车，各种各样的情况。显示字幕：刹车的101种失灵情况	贴心的小帅给大家整理了几种常见的刹车失灵前兆，拿走不谢	刹车失灵的101种情况	欢快、富有节奏感的音乐	刹车声	6 s
5	近景	特写蓝小帅踩刹车，切到车外，车很难停下来	刹车失灵最明显的特征就是踩刹车时特别无力，怎么踩都刹不住车		欢快、富有节奏感的音乐	轮胎摩擦声	6 s
6	远景	差点碰上前面的车。显示字幕：提供压力的传输管路失去压力作用所导致的	不小心就亲吻前面车辆的小屁屁	提供压力的传输管路失去压力作用所导致的	欢快、富有节奏感的音乐	急刹车	4 s
7	近景	特写蓝小帅踩刹车，切到车外，车剧烈颤抖。显示字幕：长期磨损，刹车盘盘面平整度有一定程度的失准	有时一踩刹车啊，整个车都莫名嗨起来，浑身抖动，真是伤不起	长期磨损，刹车盘盘面平整度有一定程度的失准	欢快、富有节奏感的音乐	颤抖声	6 s

六、剧情广告类短视频制作

1. 剧情广告类短视频制作流程

剧情广告类短视频制作流程包括前期策划准备、中期拍摄和后期剪辑。

（1）前期策划准备。

①选题，确定做哪一方面的内容，同时考虑选择爆款话题，因为爆款话题能够吸引更多人去看，如螺蛳粉。

②确定选题后，就要好好地构思这个短视频的内容情节了。例如，螺蛳粉的制作过程如何才能表达得更好。

③准备拍摄脚本，也就是拍摄流程或细节步骤，包括机位、人员走动、实物的准备。要达到想要的效果，就必须把每一步的细节写好。

（2）中期拍摄。中期拍摄主要包括支架、像素级手机或移动相机、补光灯、布景、云台等，根据拍摄需求，调整横屏竖屏或不同比例的屏幕。

（3）后期剪辑。拍摄出来的毛片需在相册筛选出最具有价值的视频，然后导入剪辑软件，经过剪辑后，加背景音乐，或特效，或贴纸，或滤镜调色等，最后成片感到满意后导出分享到想发布的平台就成功了。

2. 剧情广告类短视频广告产品的植入方法

要做好剧情广告类短视频，除优质的剧情外，最关键的点是产品的合理露出与植入，这部分与一般的影视剧产品植入出入不大。

（1）情节植入：情节植入一般与剧本关系较大，即在故事的某个或某几个情节点植入产品。在影视剧中一般会约定每个情节植入点时长及合计情节植入时长。比较典型的方式是可以回忆一下追的剧里角色收发快递或逛电商购物等网站。

（2）道具植入：作为故事里的道具，"不经意"中完整、清晰地展示了品牌的LOGO、商品名称等。这种比较典型的就是影视剧中一些软性饮料的植入。

（3）场景植入：在故事特定场景中合理出现，这种与情节植入有些类似，但关注点在于场景，而不是情节上，如背景摆设等。

（4）口播植入：直接由演员口播，或者嵌入台词。这种比较典型的就是演员在剧中直接说明某个产品。

七、广告片后期制作的步骤

广告片后期制作基本上是按照初剪→正式剪辑→作曲或选曲→特效录入→配音配乐及合成这样一个流程来进行制作。

> **想一想**
> 剧情广告类短视频广告产品的植入对产品有什么要求？

1. 初剪

初剪也称粗剪。剪辑工作一般都是在计算机中完成的，因此，拍摄素材在经过转磁以后要先输入计算机，导演和剪辑师才能开始初剪。初剪阶段，导演会将拍摄素材按照脚本的顺序拼接起来，剪辑成一个没有视觉特效、没有旁白和音乐的版本。

2. 正式剪辑

在初剪得到认可后，就进入正式剪辑阶段，这一阶段也被称为精剪。精剪部分首先是要对初剪不满意的地方进行修改，然后将特技部分的工作合成到广告片，画面部分的工作到此完成。

3. 作曲或选曲

广告片的音乐可以作曲或选曲，两者的区别：如果作曲，广告片将和画面有机结合，但会比较贵；如果选曲，在成本方面会比较经济，但其他广告片也可能会用到这个音乐。

4. 特效录入

特效的录入是比较关键的一个阶段，将本身拍摄不到或拍摄效果不好的地方进行特效制作，这里将运用到十分专业的特效制作软件，大家平时所看到的很多具有超强视觉效果的电影正是因为特效录入这个环节做得十分好。

5. 配音配乐及合成

旁白和对白就是在这时候完成的。在旁白和对白及音乐完成以后，音效剪辑师会为广告片配上各种不同的声音效果，至此，一条广告片的声音部分的因素就全部准备完毕了。最后一道工序就是将以上所有元素音量调整至适合的大小，然后合成在一起。

八、常用的剪辑软件

短视剪辑常用的软件有剪映、编辑星、Pr、AE、Final Cut Pro 等，最常用的是剪映。

1. Premiere

Adobe Premiere Pro 是视频编辑爱好者和专业 Adobe 动态链接（4 张）人士必不可少的视频编辑工具。它可以提升创作能力和创作自由度，它是易学、高效、精确的视频剪辑软件。Premiere 提供了采集、剪辑、调色、美化音频、字幕添加、输出、DVD 刻录的一整套流程，并与其他 Adobe 软件高效集成，足以完成在编辑、制作、工作流程上遇到的所有挑战，满足创建高质量作品的要求。

Premiere 2022 软件打开之后的界面如图 4-6、图 4-7 所示。

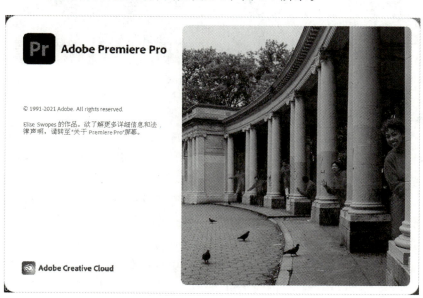

图 4-6　Premiere 2022 欢迎界面

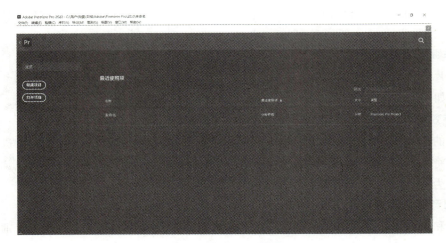

图 4-7 Premiere 界面

Premiere 采用了面板式的操作环境，整个工作界面由多个活动面板组成，视频的后期编辑处理就是在各种面板中进行的。Premiere 的工作界面主要是由"项目"面板、"时间轴"面板、"监视器"窗口、工具面板及菜单命令等组成（图 4-8）。

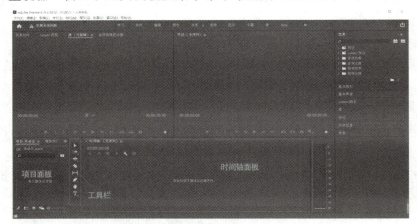

图 4-8 Premiere 工作台介绍

2. 剪映

剪映是一款手机视频编辑工具，带有全面的剪辑功能，支持变速，有多样滤镜和美颜的效果，有丰富的曲库资源。剪映强大的视频剪辑功能包括视频片段截取、裁剪画面、变速功能、各类标注图库、定格画面、后期录音、语音生成字幕、文字转声音、画中画、人物智能抠像、蒙版、关键帧动画等，非常适合教师对录制的微课视频进行后期编辑。目前支持在移动端 App、计算机端专业版和在线编辑的网页版进行编辑创作。

剪映是抖音官方推出的一款手机视频编辑剪辑应用。剪映所有的功能免费使用，体积小巧，操作简单，它提供了各种各样的视频剪辑编辑功能和素材，支持切割、变速、倒放、转场等专业功能，并且可以按照自己的需求单击相应的功能即可编辑视频，还有贴纸、滤镜等大量在线素材供使用。

剪映支持的系统有 Windows、安卓和 macOS 等。它主要有以下几个方面的功能和特点：

(1)多端口、跨平台:同步推出移动端和桌面端。
(2)中文界面:拥有完整的中文界面,并且所有功能免费。
(3)多轨剪辑:支持多视频、音频剪辑。
(4)曲线变速:专业变速效果可以一键添加。
(5)海量素材:与手机版一样内置海量素材,包括视频素材库、音频素材库、文本素材、贴纸库、特效素材、丰富的可视化转场及滤镜。
(6)可视化预览:所有操作都是可视化的图标点击或拖动操作,实际效果一目了然。
(7)语音识别:智能识别字幕与歌词,自动添加字幕,目前是最实用的功能。
(8)抖音同步:除音乐素材库外,登录抖音账号还可以直接使用抖音收藏的音乐,比较受欢迎。

打开"剪映"App,进入"剪映"默认的起始工作界面,起始界面由3个部分构成,分别是"创作区域""草稿区域"和"功能菜单区域"。剪映的工作界面如图4-9所示。

(1)创作区域。单击"创作区域"中的"开始创作"按钮,即可在弹出的界面中选择需要编辑的视频或照片进行短视频创作,如图4-10所示。

图 4-9　剪映界面展示

图 4-10　创作区域

(2)草稿区域。"剪映"起始工作界面的中间部分为"草稿区域",该部分包含"剪辑草稿""模板草稿"和"云备份"3个选项区。在"剪映"App中所有未完成的视频剪辑都会显示在"剪辑草稿"选项区中。需要注意的是,已经剪辑完成的视频在保存到本地时,同时也保存到"剪辑草稿"选项区,如图4-11所示。

(3)功能菜单区域。"剪辑"是"剪映"App的起始工作界面。"剪同款"界面中为用户提供了多种不同风格的短视频模板。"创作课堂"界面中为用户提供了有关短视频创作的相关在线教程,供用户进行学习。"消息"界面中显示用户所收到的消息,包括官方的系统消息、发表的短视频评论、粉丝留言、点赞等,如图4-12~图4-15所示。

图 4-11　模板草稿展示　　　图 4-12　"剪映"App 的起始工作界面　　　图 4-13　"剪同款"界面

图 4-14　"消息"界面　　　图 4-15　"创作课堂"界面

"我的"界面是个人信息界面，显示用户个人信息及喜欢的短视频模板等内容，如图 4-16 所示。

在"剪映"App 起始界面的"创作区域"中单击"开始创作"按钮，在弹出的界面中将显示当前手机中的视频和照片，如图 4-17 所示。

图 4-16 "我的"界面

图 4-17 "开始创作"界面

选择需要剪辑的视频，单击"添加"按钮，即可进入视频剪辑界面，该界面主要可分为"预览区域""时间轴区域"和"工具栏区域"3 部分，如图 4-18、图 4-19 所示。

图 4-18 添加素材图

图 4-19 功能面板介绍

课前自测

一、单选题

1. 下面不是剪辑软件的是（　　）。
   A. Pr　　　　　　　B. 剪映　　　　　　　C. Ps　　　　　　　D. 爱剪辑

2. 以下关于剪映分割功能说法正确的是（　　）。
   A. 分割功能只能分割视频，不能分割音频
   B. 分割功能只能分割图片，不能分割文本
   C. 分割功能同时可以分割多段视频
   D. 任何轨道都可以分割

3. 剪辑视频时想让某一帧画面延长，用（　　）功能比较便捷。
   A. 定格　　　　　　　　　　　　　　B. 分割
   C. 暂停　　　　　　　　　　　　　　D. 截图导出图片再添加

4. 剧情广告类短视频广告产品的植入方法是（　　）。
   A. 情节植入　　　　　　　　　　　　B. 道具植入
   C. 场景植入　　　　　　　　　　　　D. 以上全对

5. 电视剪辑最基本的要求是（　　）。
   A. 合适的剪辑入点
   B. 部分不需要的镜头，可以利用分割，变成片段后，删除多余的
   C. 导入素材顺序不对，可以利用分割变成多段，长按移动重新调整位置
   D. 以上都对

6. 剪辑时如果不小心退出软件应该（　　）。
   A. 草稿箱里找　　　　　　　　　　　B. 重新剪
   C. 点击撤回　　　　　　　　　　　　D. 以上都不对

7. 快节奏故事性叙事视频风格的特点是（　　）。
   A. 情节跌宕起伏　　　　　　　　　　B. 台词笑料满满
   C. 代入感强烈　　　　　　　　　　　D. 以上全对

8. 不属于剪映的背景设置的是（　　）。
   A. 画布颜色　　　　　　　　　　　　B. 画布样式
   C. 画布大小　　　　　　　　　　　　D. 画布模糊

9. 为了达到最好的观看效果，在剪映中剪辑时可以在（　　）中把所有视频画面调整为统一比例。
   A. 画幅　　　　　　B. 比例　　　　　　C. 画布　　　　　　D. 背景

10. 剪映比例功能的作用是（　　）。
    A. 比例功能在滤镜面板打开
    B. 用于调节轨道的视频图片的屏幕尺寸
    C. 比例在调节面板打开
    D. 用于缩放素材大小

二、多选题

1. 剪映的剪同款功能中可以选取的素材有（　　）。
   A. 视频　　　　　　　　　　　　B. 图片
   C. 剪映中自带的素材库　　　　　D. 音频
2. 下列功能可以实现视频的多栏效果的有（　　）。
   A. 抖音自带的滤镜效果　　　　　B. 剪映里的特效
   C. 剪映里的画中画　　　　　　　D. 剪映里的裁剪
3. 剪映中自动添加字幕能够识别（　　）。
   A. 剪映自带的录音功能中的录音音频
   B. 音乐
   C. 视频中原音
   D. 使用文本朗读出来的音频

三、简答题

1. 描述短视频后期制作的发展背景。
2. 广告片后期制作的步骤有哪些？

参考答案

―――――――――――――――― 课 中 实 训 ――――――――――――――――

任务一　分镜头剪辑与合成

【任务描述】

小张是一名互联网公司的新员工，刚步入职场的他被公司分配到产品运营部，负责拍摄和制作短视频，对于公司派发下来的任务要在规定时间完成。小张很想把事情做好，但是对于视频剪辑与合成制作的节奏把握不好。本任务就是帮助他做出符合要求的视频。

【任务目标】

1. 能够应用分镜头剪辑与合成的方法。

2. 能够使用剪映软件对提供的素材进行剪辑与合成。

【任务需求】

1. 计算机/手机。

2. 手机"剪映"App/计算机版剪映软件。

【任务实施】

1. 安装剪映

（1）手机安装。

步骤1：打开手机应用市场，搜索"剪映"。

步骤2：选择"剪映"，单击"安装"按钮，即可完成剪映的安装，如图4-20所示。

图 4-20　剪映手机安装步骤

（2）计算机安装。

步骤1：打开百度，在搜索栏搜索"剪映"。

步骤2：选择搜索栏下面的第一个带有"官方"标志的网页，如图4-21所示。

图 4-21　百度搜索"剪映"

步骤 3：打开网页，单击"立即下载"按钮，如图 4-22 所示。

图 4-22　单击"立即下载"按钮

步骤 4：弹出安装界面，自定义安装位置，如图 4-23 所示。

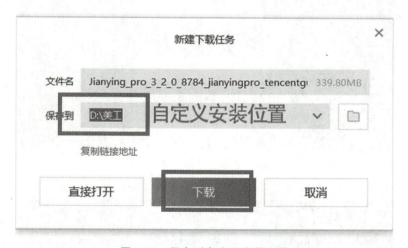

图 4-23　保存到自定义安装位置

步骤 5：找到保存的应用程序，双击此应用程序，然后单击"运行"按钮，再单击"立即安装"按钮即可自动安装完成该程序，如图 4-24～图 4-27 所示。

图 4-24　找到保存的应用程序

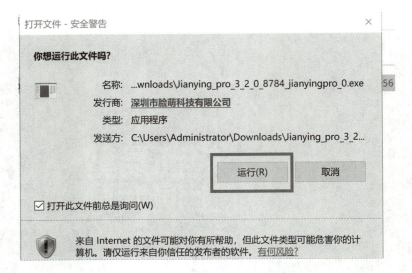

图 4-25　单击"运行"按钮

图 4-26　单击"立即安装"按钮

图 4-27　安装进度截图

2. 分镜头剪辑

步骤1：在计算机桌面上打开已经安装好的剪映软件，单击"开始创作"按钮，如图4-28所示，在显示的界面中按顺序依次单击素材包中项目四任务一的素材编号1～19，然后单击"导入"按钮，如图4-29～图4-31所示（如果是手机操作，先将所需素材保存到手机相册）。

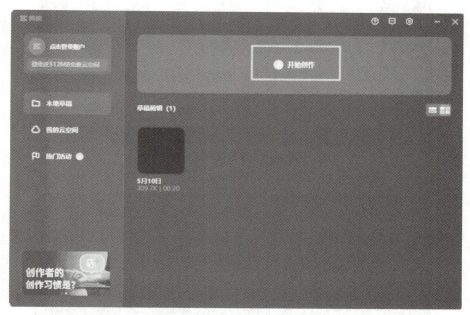

图4-28 单击"开始创作"按钮

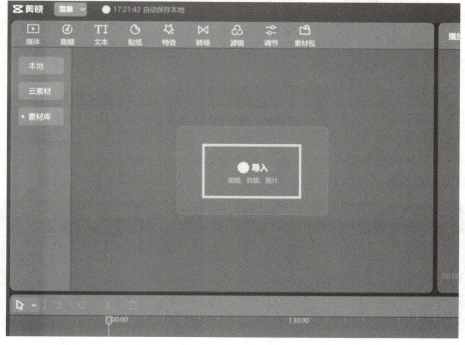

图4-29 单击"导入"按钮

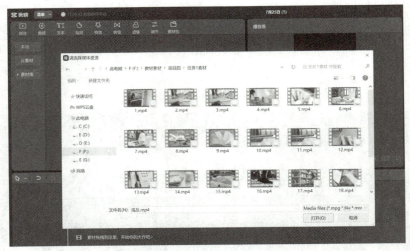

图 4-30　导入素材 1～19

图 4-31　素材已导入界面

步骤 2：视频素材将按照选择的先后顺序添加到时间轴上，选择左边第 1 个素材 1，拖曳其两端的红色控制条便可裁剪内容，保留视频中需要的画面，如图 4-32 所示。

图 4-32　裁剪素材

步骤3：按相同方法裁剪其他视频素材，将整个短视频时长控制在30 s左右。然后选择最后一个素材，单击"变速"按钮，继续单击"常规变速"按钮。在显示的界面中拖曳控制点至"3.0 x"的位置，加快播放速度，如图4-33所示。

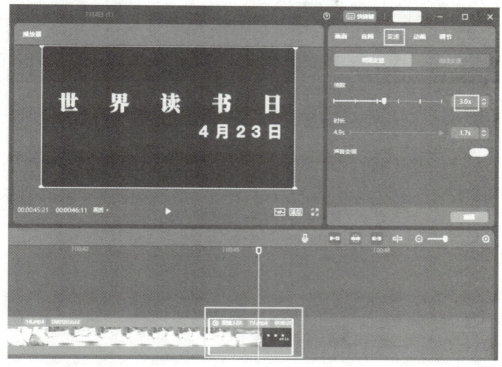

图4-33 变速界面

3. 分镜头合成

步骤1：选择第1个视频素材1，单击工具栏中的"滤镜"按钮，在显示的界面中单击"影视级"选项卡，选择"青橙"选项，如图4-34～图4-36所示。

图4-34 添加滤镜

图 4-35 添加滤镜"影视化"效果

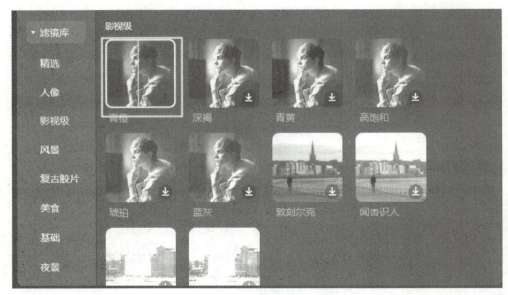

图 4-36 添加"青橙"效果

步骤 2：选择第 1 个视频素材，单击工具栏中的"调节"按钮，在显示的界面中单击"亮度"按钮，拖曳控制点调整亮度参数，按相同方法依次调整对比度、饱和度、光感、色温和暗角等参数，然后单击"应用全部"按钮和"保存预设"按钮，如图 4-37 所示。

步骤 3：单击第 1 个视频素材与第 2 个视频素材之间的"转场"图标。在显示的界面中单击"基础转场"类型下的"叠化"缩略图，如图 4-38 所示。然后拖曳下方的控制点将转场时长设置为"1 s"，如图 4-39 所示，依次单击"应用全部"按钮，如图 4-40 所示。最终合成输出效果，如图 4-41 所示。

图 4-37 调节界面

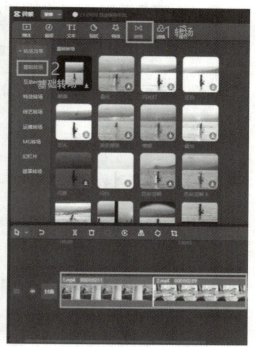
图 4-38 转场的添加

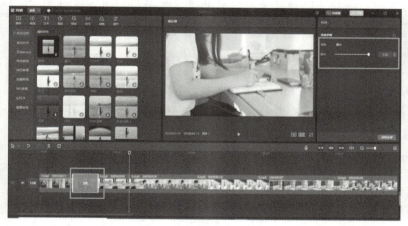
图 4-39 视频时长设置1 s

图 4-40 应用全部截图

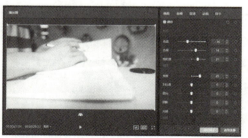
图 4-41 最终效果(部分截图)

> **知识拓展**
>
> 视频剪辑中常用的转场有哪些?
>
> 1. 淡入淡出
>
> 淡入淡出转场特效是指上一个镜头画面由明变暗,直到黑场,然后下一个镜头的画面由暗转明,渐渐显现至正常的亮度。
>
> 淡出与淡入画面的长度通常各为2 s,但实际情况应当在编辑时根据视频的情绪、情节、节奏的要求来决定。在有的影片中,淡出与淡入中间还会穿插一段黑场,给人一种间歇感,起到中断观看者思路,让观看者陷入思考的作用。
>
> 2. 叠化转场
>
> 叠化转场是指前一个镜头的画面与后一个镜头的画面叠加在一起,前一个镜头的画面逐渐暗淡隐去,后一个镜头的画面逐渐显现并清晰的过程。
>
> 3. 声音转场
>
> 声音转场是用音乐、音响、解说词、对白等与画面的配合实现转场,是转场的惯用方式。
>
> 声音转场的主要作用是利用声音过渡的和谐性自然转换到下一画面,其中,主要方式是声音的延续、声音的提前进入、前后画面声音相似部分的叠化。
>
> 4. 遮挡镜头转场
>
> 遮挡镜头转场是指在上一个镜头接近结束时,被拍摄主体移近以至挡黑摄像机的镜头,下一个画面主体又从摄像机镜头前移开,以实现场合的转换。上下两个相接镜头的主体可以相同,也可以不同。
>
> 5. 主观镜头转场
>
> 主观镜头转场是指上一个镜头拍摄主体在观看的画面,下一个镜头接转主体观看的对象。主观镜头转场是按照前、后两镜头之间的逻辑关系来处理转场的手法,主观镜头转场既显得自然,也可以引起观众的探究心理。

任务二 配音与配乐

【任务描述】

小张已经学会了分镜头视频剪辑,但是在配音配乐上,总是与视频的节奏不够协调,并且音乐层次感不够,他也不知道该如何调整,本任务我们将帮助小张解决这个问题。

【任务目标】

1. 能够区别短视频配音配乐与传统后期制作配音配乐。
2. 能够使用剪映软件给视频进行配音配乐。

【任务需求】

1. 计算机/手机。
2. 手机"剪映"App/计算机版剪映软件。

【任务实施】

步骤1:在剪映软件中,打开任务一制作的视频,然后单击"导入"按钮添加音频,在素材包项目四任务二中选择任务2音频,然后单击"打开"按钮即可添加音频,如图4-42所示。

步骤2:单击左端的"关闭原声"按钮,然后单击"添加音频"按钮,如图4-43所示。

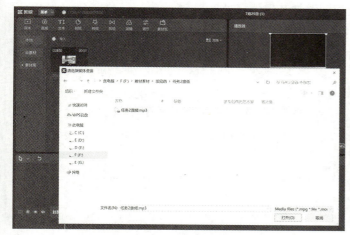

图 4-42　导入音频

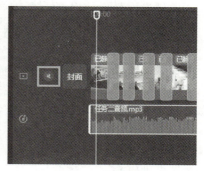

图 4-43　关闭原声

步骤3:选择添加的音频素材,拖曳其右边的白色控制条,将播放长度裁剪为"30 s",长按音频素材调整其位置,使其与上方的短视频长度相等,如图4-44所示。

步骤4:单击音频素材,再单击右侧音频调整音量大小,如图4-45所示。接下来单击"淡入时长"按钮,将时长调整为"1.2 s",完成后单击"确定"按钮,即可完成短视频的配音配乐。

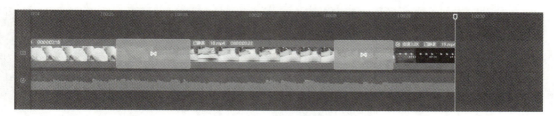

图 4-44　调整音频位置

图 4-45　调节声音

> **知识拓展**
>
> 短视频添加音乐的好处
>
> 短视频添加音乐可以在一定程度上增加用户观看短视频的停留时间，试想，如果制作的短视频内容吸引力不大，但配上一段与之相匹配的音乐，整个视频内容就会得到质的提升。另外，用户在观看这段短视频时，如果对这个音乐比较感兴趣，即便内容并不是用户想看的，也可能会因为这段音乐而更多的驻足停留。
>
> 选择短视频音乐时，一般从当下比较火的音乐中选取，一般也会有推荐的音乐，如果推荐的音乐不合适，还可以自己搜索想要的音乐。如果视频内容是关于冬雪的，可以搜索与雪有关的音乐。

任务三　特效制作

【任务描述】

小张为了给视频增光添彩，需要给视频做一些特效片头，虽然有好的点子，即想要制作简单的文字特效，但是却做不出想要的效果，本任务我们将帮助小张来制作短视频的特效效果。

【任务目标】

1. 能够举例说明特效对短视频制作的作用。
2. 能够使用剪映软件制作短视频的特效。

【任务需求】

1. 计算机/手机。
2. "剪映" App/剪映软件。

【任务实施】

步骤1：打开任务二中制作的添加声音的视频，然后单击"文本"按钮并新建文本，如图4-46所示。

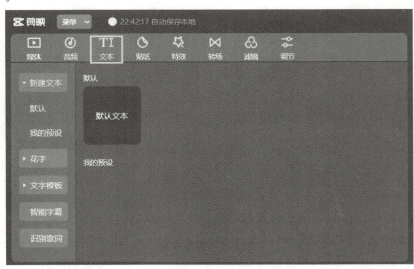

图 4-46　新建文本

步骤2:单击视图中的文本,修改文字内容、字体、字号、样式、颜色、预设样式、字间距、位置大小、不透明度、描边的相关参数,如图4-47、图4-48所示。

图4-47 修改文本

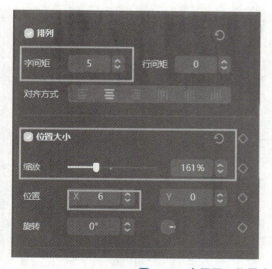
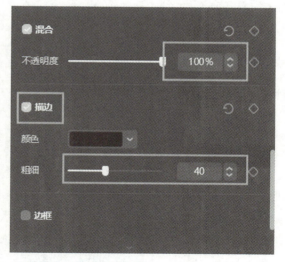

图4-48 字间距、位置大小、不透明度、描边参数设置

步骤3:添加动画。执行"动画"→"入场"→"逐字翻转"命令,如图4-49所示。

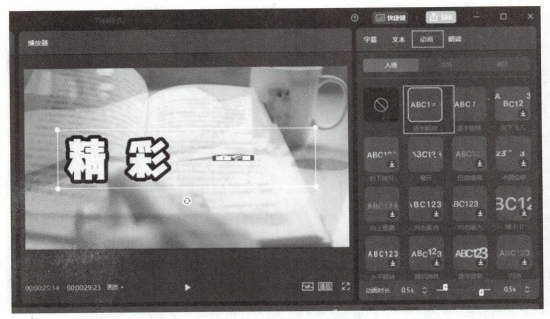

图 4-49 添加动画

步骤 4：执行"动画"→"出场"→"逐字翻转"命令，然后执行"动画"→"循环"→"上弧"命令，如图 4-50 所示。

图 4-50 动画特效添加

步骤 5：导出视频。执行"菜单"→"文件"→"导出"命令，在导出设置框中设置导出的作品名称、导出的路径等相关设置，然后单击"导出"按钮即可导出 MP4 格式的视频，如图 4-51 所示。最终完成片头特效效果如图 4-52 所示。

图 4-51　导出视频

图 4-52　片头成片效果

知识拓展

添加字幕注意事项

1. 字幕的位置

一般来说，字幕通常都会优先居中对齐，并放置在画面的下方。但有时也会由于视频画幅比例的问题，在上下方出现大片的空白区域，这时就可以考虑在上方放置视频的文字标题，在下方放置字幕。

在使用剪映进行添加文字操作时，用户只需要移动文字至中间处，就会自动出现居中对齐的辅助线，非常方便校正字幕的位置。

2. 字幕的颜色

短视频中建议采用白色的字幕，这样会比较明显且符合大众审美。同时，为了避免出现白色与视频背景颜色相冲突的情况，可以给白色字幕添加一个描边，但描边不需要太粗，否则会影响美观度。

3. 字幕的风格匹配

短视频中的文字各式各样，有些文字好看，但未必适合自己视频的风格，因此在创作字幕时，要注意字幕样式和视频本身风格的契合度。例如，俏皮可爱风格的视频，字幕就可以选择一些偏卡通类的样式。

任务四　分组制作一个剧情广告类短视频脚本

【任务描述】

A公司是一个新成立的公司，90%的员工都是新员工。近期公司接了一个新的项目，需要制作一个剧情广告类短视频脚本，但是大家对这种类型的脚本制作还不熟悉，本任务就带着大家一起来学习剧情广告类短视频脚本的制作。

【任务目标】

1. 能够陈述什么是剧情广告类短视频脚本。
2. 能够举例说明剧情广告类短视频脚本设计步骤。
3. 能够根据剧情广告类短视频脚本设计流程来设计剧情广告类短视频脚本。

【任务需求】

1. 计算机/手机。
2. 良好的网络环境。

【任务实施】

步骤1：分组（4～5人/组）分析讨论表4-2的剧情广告类短视频分镜头脚本。分析讨论剧情背景、镜头拍摄方法、剧情类型、音乐音效、广告植入等几个方面。

表4-2　《小嗨森》剧情广告类短视频分镜头脚本

镜头	拍摄方法	时间	画面	解说	音乐	备注
1	全景定	3 s	一个女孩一个人坐在教室里，同时女孩捂着肚子，面露难色		无	字幕：15岁的烦恼
2	全景定	3 s	一个女生和一个男生在游乐园手拉着手，男生指着过山车，女生捂着肚子摇头，男生有点不高兴	男生说：我们去坐过山车吧	游乐园嘈杂的人声	字幕：20岁的烦恼
3	全景定	3 s	一位女白领正在会议上讲述报告，突然身体有一点颤抖，然后离开了会议室	白领说：不好意思我去趟厕所，小陈替我一下	开门的声音及高跟鞋走路的声音	字幕：28岁的烦恼
4	中景跟	4 s	深夜，女孩正在卧室里写作业，妈妈推门进来，手里拿着一个礼物盒交给了女孩		轻轻推门的声音	无
5	中景跟	4 s	晚上，女生正在寝室里面看书，室友从柜子里面拿出一个礼物盒送给了女生		开柜子的声音	无
6	中景跟	4 s	女白领回到家后，老公从正面抱住了她，并交给她一个礼物盒		钥匙开门的声音	无
...						

步骤 2：分组分析讨论完成后，完成表 4-3 的填写。

表 4-3 《小嗨森》剧情广告类短视频分镜头脚本分析表

短视频名称	
剧情背景/故事梗概	
镜头拍摄方法	
剧情类型	
音乐音效	
广告植入方法	

步骤 3：完成剧情广告类短视频分镜头脚本分析表后，结合课前所学的剧情类短视频脚本撰写技巧与方法，按照分好的组进行剧情广告类短视频分镜头脚本的创作，每个小组创作 1 个广告类短视频分镜头脚本。各小组脚本设计好之后填入表 4-4 中。植入的商品由小组讨论确定，洗护类、服饰类、食品类、酒水类均可。

表 4-4 《×××》剧情广告类短视频分镜头脚本设计表

镜头	拍摄方法	时间	画面	解说	音乐	备注

续表

镜头	拍摄方法	时间	画面	解说	音乐	备注

步骤4：各小组完成制作后，选取1~2个小组，分别派1名代表在同学面前进行分享。

知识拓展

"钩子"定律

一个优秀的短视频脚本中，必须埋着"钩子"。当一则短视频通过"黄金三秒"初步留住用户之后，接下来要考虑的就是如何确保用户不会中途"溜走"。

在短视频脚本中有意识地埋入"钩子"，可以起到提升短视频完播率的效果。反转、悬念、彩蛋等手法都可以扮演短视频脚本中的"钩子"。

反转是很多爆款短视频常用的手法。通过人设、剧情的反转，往往能产生意想不到的戏剧效果，满足用户的好奇心和娱乐需求。例如，在抖音上常见的"换妆"反转：一个长相平平无奇，甚至有点邋遢的女孩，镜头一切之后就摇身变为一个惊艳的美女，前后的反转会让用户体验到视觉的冲击。除视觉上的反转外，剧情上的反转也能让用户收获刺激与快乐。

在剧情中埋入反转，就能在用户看完前3秒和看完整个视频之间制造一个强有力的"钩子"，让用户不至于看到十秒、十几秒就将视频划走，从而提升视频的完播率，为视频的流量打下基础。

除反转外，在开篇展现悬念，或者在开篇预告视频中有彩蛋，也是一种"钩住"用户的小技巧。悬念能让用户在好奇心的支持下尽可能久地观看视频；而许多短视频在开篇就会告诉用户"视频末尾有彩蛋"，让用户带着发掘彩蛋的预期看完视频。

任务五　分组完成剧情广告类短视频制作

【任务描述】

由于是初次接触剧情广告类短视频，为了保证短视频的质量，小张决定策划一种十分常见且效果不错的剧情广告类短视频。虽然这类短视频对策划、拍摄和后期剪辑的要求不是非常高，但如果内容、节奏等各方面把握得好，也能成为热门的短视频。

【任务目标】

1. 能够应用剧情广告类短视频广告产品的植入方法。
2. 能够根据剧情广告类短视频分镜头脚本完成剧情广告类短视频制作。

【任务需求】

1. 拍摄设备：摄影机、手机、计算机、演员、导演、灯光、反光罩、滤光镜、稳定器、手机支架、摄影机支架、麦克风、服装、道具。
2. 拍摄场地：根据任务四小组制作的脚本需求来准备。
3. 拍摄商品：根据任务四小组制作的脚本需求来准备。

【任务实施】

步骤1：每个小组推选1名导演，各小组根据任务四完成的脚本来准备拍摄设备和拍摄场地。

步骤2：各小组根据脚本分镜头进行拍摄，小组导演注意统筹兼顾，演员注意表演情绪，尽量多拍摄镜头以方便剪辑合成。注意灯光的使用，多用正面光和侧光，镜头以中景镜头和近景镜头为主，特写和远景为辅。

步骤3：视频配音。视频拍摄完成之后，根据视频中每个人的口型在录音棚/安静的房间内采用麦克风进行录音，录音可以根据脚本进行旁白录音，增加视频气氛。

步骤4：剪辑视频。使用剪映根据音频波纹幅度和声音同步音频，然后按照分镜进行剪辑，加入各种音效和配乐。

步骤5：制作后期特效和片头、片尾。根据脚本设计，在剪映中选择合适的特效，为视频添加特殊的效果。片头修改文本并增加动画、片尾修改文本并增加动画，字幕使用剪映语音识别功能自动生成字幕，如图4-53～图4-55所示。

图4-53　制作后期特效与片头、片尾

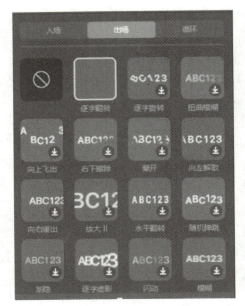 

图 4-54 制作后期特效与片头片尾

步骤 6：完成视频制作。执行"菜单"→"文件"→"导出"命令，在导出设置框中进行相关设置，然后单击"导出"按钮即可导出 MP4 格式的视频，如图 4-56 所示。

图 4-55 制作后期特效与片头片尾　　　　　　图 4-56 导出短视频设置

步骤 7：各小组完成制作后，选择 2~3 个小组，分别派一名代表展示制作效果。

知识拓展

短视频广告植入需要注意的事项

1. 选择和自己内容契合的广告主

例如,短视频内容偏向娱乐化,可以重点考虑对接游戏的广告主。游戏在互联网的天然变现优势,一直是互联网广告的尝鲜者。

2. "软植入"是观众感知的软植入

现如今"软植入"和"硬植入"的边界越来越模糊,如papi酱、戏精牡丹在内容中直接进行品牌的展现,但观众并没有感到厌烦。

3. 保证内容的统一性,呵护粉丝的感受

虽然说变现对于短视频IP很重要,但广告主之所以通过短视频进行品牌的推广,看重的是IP的庞大粉丝群体,以及对粉丝的影响力,不应本末倒置,不顾粉丝的感受会导致粉丝的大量流失,得不偿失。

项目评价

学生自评表

序号	知识点	达标要求	学生自评	
			达标	未达标
1	短视频后期制作、短视频后期制作的重要性及其发展现状	1. 能够说出短视频后期制作的定义 2. 能够说出短视频后期制作的重要性		
2	短视频后期制作与传统后期制作的区别	1. 能够描述短视频后期制作的定义 2. 能够描述传统后期制作 3. 能够区别短视频后期制作与传统后期制作		
3	短视频后期制作的风格	1. 能够说出短视频后期制作的4种风格 2. 能够区别短视频后期制作的4种风格		
4	剧情类短视频视觉元素、听觉元素、视听结合及镜头拍摄手段的应用	1. 能够描述剧情类短视频视觉元素、听觉元素、视听结合的应用 2. 能够描述镜头拍摄手段的应用		
5	剧情类短视频脚本的撰写技巧和方法	1. 能够举例说明剧情类短视频脚本的撰写方法和技巧 2. 能够应用剧情类短视频脚本的撰写技巧和方法		
6	剧情广告类短视频制作的流程	1. 能够说出剧情广告类短视频制作的流程 2. 能够说出剧情广告类短视频广告产品的植入方法		
7	视频剪辑软件	1. 能够说出视频剪辑的两种常用软件 2. 能够说出常用的两种剪辑软件的异同		

续表

序号	技能点	达标要求	学生自评	
			达标	未达标
1	使用剪映剪辑软件对提供的素材进行剪辑与合成	1. 剪映操作熟练 2. 短视频脉络清晰 3. 剪辑流畅，色调鲜明		
2	使用剪映剪辑软件给短视频配音和配乐	1. 能够根据不同短视频合理配音和配乐 2. 能够根据画面卡点配音和配乐 3. 操作流畅		
3	使用剪映剪辑软件进行短视频的后期特效制作	1. 特效观感好 2. 特效放置的位置合理，没有违和感 3. 特效不过于浮夸，偏离主题		
4	设计剧情广告类短视频分镜头脚本	1. 主题突出、立意新颖 2. 人物设置、场景设置、道具设置合理 3. 故事线索清晰 4. 广告植入巧妙 5. 影调、背景音乐设计合理 6. 景别及镜头运用准确		
5	制作剧情广告类短视频	1. 拍摄符合拍摄脚本要求 2. 构图符合要求 3. 镜头运动合理 4. 特效效果好 5. 视频制作完整		

序号	素质点	达标要求	学生自评	
			达标	未达标
1	团队合作精神和协作能力	1. 认同团队目标 2. 自我认同团队角色 3. 良好的团队关系 4. 合作完成团队任务		
2	交流沟通能力	1. 语言流畅、思路清晰 2. 准确表达自己想法 3. 善于沟通交流 4. 善于体察别人想法和感受		
3	信息素养和学习能力	1. 具有信息收集、整合和使用能力 2. 学习能力强，能主动接受新知识		
4	独立思考和创新能力	1. 遇到问题善于思考 2. 具有解决问题和创造新事物的意识 3. 善于提出新观点、新方法		

教师评价表

序号	知识点	达标要求	教师评价	
			达标	未达标
1	短视频后期制作、短视频后期制作的重要性及其发展现状	1. 能够说出短视频后期制作的定义 2. 能够说出短视频后期制作的重要性		
2	短视频后期制作与传统后期制作的区别	1. 能够描述短视频后期制作的定义 2. 能够描述传统后期制作 3. 能够区别短视频后期制作与传统后期制作		
3	短视频后期制作的风格	1. 能够说出短视频后期制作的 4 种风格 2. 能够区别短视频后期制作的 4 种风格		
4	剧情类短视频视觉元素、听觉元素、视听结合及镜头拍摄手段的应用	1. 能够描述剧情类短视频视觉元素、听觉元素、视听结合的应用 2. 能够描述镜头拍摄手段的应用		
5	剧情类短视频脚本的撰写技巧和方法	1. 能够举例说明剧情类短视频脚本的撰写方法和技巧 2. 能够应用剧情类短视频脚本的撰写技巧和方法		
6	剧情广告类短视频制作的流程	1. 能够说出剧情广告类短视频制作的流程 2. 能够说出剧情广告类短视频广告产品的植入方法		
7	视频剪辑软件	1. 能够说出视频剪辑的两种常用软件 2. 能够说出常用的两种剪辑软件的异同		

序号	技能点	达标要求	教师评价	
			达标	未达标
1	使用剪映剪辑软件对提供的素材进行剪辑与合成	1. 剪映操作熟练 2. 短视频脉络清晰 3. 剪辑流畅，色调鲜明		
2	使用剪映剪辑软件给短视频配音和配乐	1. 能够根据不同短视频合理配音和配乐 2. 能够根据画面卡点配音和配乐 3. 操作流畅		
3	使用剪映剪辑软件进行短视频的后期特效制作	1. 特效观感好 2. 特效放置的位置合理，没有违和感 3. 特效不过于浮夸，偏离主题		
4	设计剧情广告类短视频分镜头脚本	1. 主题突出、立意新颖 2. 人物设置、场景设置、道具设置合理 3. 故事线索清晰 4. 广告植入巧妙 5. 影调、背景音乐设计合理 6. 景别及镜头运用准确		
5	制作剧情广告类短视频	1. 拍摄符合拍摄脚本要求 2. 构图符合要求 3. 镜头运动合理 4. 特效效果好 5. 视频制作完整		

续表

序号	素质点	达标要求	教师评价	
			达标	未达标
1	团队合作精神和协作能力	1. 认同团队目标 2. 自我认同团队角色 3. 良好的团队关系 4. 合作完成团队任务		
2	交流沟通能力	1. 语言流畅、思路清晰 2. 准确表达自己想法 3. 善于沟通交流 4. 善于体察别人想法和感受		
3	信息素养和学习能力	1. 具有信息收集、整合和使用能力 2. 学习能力强，能主动接受新知识		
4	独立思考和创新能力	1. 遇到问题善于思考 2. 具有解决问题和创造新事物的意识 3. 善于提出新观点、新方法		

课后拓展

【拓展案例】

从朱一旦到导演小策,"热度密码"变天了?

张策等幕后创作者出圈,证明了观众审美和资本市场的新趋势。就算不看短视频,恐怕也听过朱一旦的"大名"。2019年,在系列短视频《朱一旦的枯燥生活》中,老板朱一旦穿着Polo衫、带着劳力士,用极夸张的台词和表演把土味视频拍得又好笑、又讽刺。仅半年时间就收获了全网800万粉丝。与纯靠脸、靠才艺的网红不同,朱一旦有个"秘密武器",每逢采访他都会提到负责内容的张策。作为系列短视频的导演、编剧、策划、配音,张策既是朱一旦的员工,也是内容生产的灵魂。有他的加持,《朱一旦的枯燥生活》每条内容都算过硬,热度也维持了相当长的时间。

2020年10月前,系列短视频在B站的平均播放量达到300万~600万,《一块劳力士的回家路》甚至突破千万。随着那句洗脑的:"有钱人的生活往往就是这么朴实无华,且枯燥",朱一旦一时风光无两。但盛极之下,危机也悄然而至。2020年9月27日,第229期上线后,账号停更了半个多月。10月6日,张策的妻子在微博透露二人已经成立新工作室。10月16日,张策发声,称不再担任《朱一旦的枯燥生活》的策划、导演、编剧、配音,并从原公司辞职,未来将创作自己的作品。不到一个月时间,朱一旦视频的"魂儿"没了。朱一旦、张策两人分道扬镳的原因无非是有东西没谈拢。他们各自发展后,内容、热度何去何从,可以看作多方能量的角逐,颇有研究价值。所以一年之后,当张策的账号"导演小策"已经获得271.2万粉丝,成为B站新的高热账号,朱一旦的播放量反倒跌至50万区间时,这场较量,基本得出了答案。

离开朱一旦团队前,张策就已经名声在外了。每逢采访,朱一旦都习惯性地把他挂在嘴边,生怕观众只记得主演,忘了幕后的张策。毕竟没有张策的日子,朱一旦在影视行业没少投资,更没少亏钱。张策的新号"导演小策"在初期还是遇到了不小的麻烦,虽然靠着创意和固有粉丝,视频播放量下限也有50多万,更不乏百万级别的爆款,但和《朱一旦的枯燥生活》比,新号的每条视频都是各自为战,缺乏系列化开发,加上没有独特的标签,破圈成了难题。2021年前后,张策连续7个视频热度达不到预期,加上朱一旦恢复更新后,播放量也有较大的滑坡,有一种观点认为,张策的这次离职,注定是双输的结局。然而情人节那天,张策上传了新一期的内容,彻底把天平碰歪了。

作为新系列《广场往事》的首期,张策的演员不再是年轻人,谈论的也不再是职场那点事儿,而是找来几位大爷大妈,演了一出由"凡尔赛"开头,最后落在关注空巢老人等社会议题的偏现实作品。靠着扎实的内容、大爷大妈们颇有喜感的表演及较有深度的主题,《广场往事》第一期火了,播放量迅速突破800万。更重要的是,通过这次意外走红,灵活的张策终于找到了内容方向:深耕《广场往事》系列、用好一批大爷大妈,并向"农村+新鲜"的"偏锋"方向发展。

对行业而言,这种改变会让资本更深刻地意识到导演、编剧的作用,头部项目的核心还是要由内容生产者担任。同时,选择短视频投放时,把内容打磨得更好、广告和内容连接更顺畅的创作者,恐怕也会拿到更多单子,毕竟热度散尽后,能留下的只有好内容。而对幕后创作者来说,张策与其他出圈的小伙伴,无疑增强了他们的信心。在台前主创长期摘取大多数"果实"后,随着观众审美的升级,幕后人员只要打磨好本领,终究会有被观众和业内看到的那天。

想一想:短视频的投放成功需要哪些因素?

思政园地

【思政案例】

短视频不能"短"文化,15 s如何变"戏精"?

4 天时间,抖音和 7 个国内知名博物馆联手推出的文物创意视频"第一届文物戏精大会",累计播放量突破 1.18 亿,点赞量达 650 万,分享数超过 17 万,这一播放量相当于大英博物馆 2016 年全年参观总人次 642 万的 184 倍;仅其 H5 版本(移动端的 web 页面)访问量就突破 550 万。过亿的播放量,背后不仅是短视频这种新崛起的网络文化在吸睛,更是极具底蕴的传统文化在"戏精"。

在抖音开启博物馆之旅前,微博也启动了"加强传统文化和新时代美好生活优质内容的扶持计划",初期预计投入价值 5 亿元的资源和现金,推动人文、历史、读书、收藏等传统文化领域的优质短视频内容生产和传播。短视频平台之所以加大文化底蕴,也是基于现实考虑,即通过深层次、难以模仿的文化内涵,以及与博物馆、非遗传承人等进行独家合作等方式,在整体风格短、平、快的短视频中,形成一个内容门槛,让自己在如火如荼的短视频平台淘汰赛中,具有真正的差异性优势。短视频内容创作者也正在基于相似的考量,正在加速为自己的内容添加文化底蕴。许多网络主播拍摄的关于农村题材的短视频获得大量点击和评论,这些视频有的展现乡村的秀美风景,有的是在深山老林里摘杨梅、挖野菜,有的是在山泉溪流里捕鱼捞虾。在《半月谈》的一则报道中提到"美丽山村、乡土情结,通过农民网红的短视频,成为城乡文化沟通的一种新风尚,同时还能帮助农产品'带货'。"

做别处没有的短视频,做能够 15 s 看过后还有记忆的短视频,做能让用户有更多获得感和满足感,而非简单感官刺激的短视频。文化的魅力和底蕴对于短视频平台、内容创作者及文化机构来说,已经开始变得更加深邃且潜力无穷了。至于如何在 15 s 里拍摄出文化底蕴,那是迎接短视频新风口的姿势问题,不妨百花齐放、百家争鸣。

请针对上面的案例思考以下问题:

1. 如何理解短视频不能"短"文化?
2. 短视频平台加大文化底蕴对社会发展起到了哪些推动作用?

项目四任务一成品

项目四任务一素材 1

项目四任务一素材 2

项目四任务一素材 3

项目四任务一素材 4

项目四任务一素材 5

项目四任务一素材 6

项目四任务一素材 7

项目四 任务二音频

项目五

认识达人营销与社群营销

项目导读

"美拍"在2017年5月启动的M计划,真正意义上打通了品牌方和达人广告。与哈尔滨啤酒合作的"无聊创造力"活动中,品牌邀请了80位达人参与,创造了近2亿的播放量和20万的用户UGC内容,帮助哈尔滨啤酒成为同季最热销的啤酒品牌。据统计,2021年达人营销市场的规模达到980亿元,逼近千亿大关,可见达人营销已经爆发。而对于社群,大家应该都不陌生,如微信群、QQ群等,通过这种群内的互动、沟通等,挖掘潜在的意向客户,最终达到销售的目的,这样就形成了社群营销。如今,社群营销已经逐渐走向人们的视野,并成功成为很多企业和商家获得盈利的"神兵利器"。

因此,本项目将带领大家进入达人营销与社群营销的领域,一起来学习达人营销和社群营销等相关知识。

教学目标

☞ 知识目标

1. 熟悉达人及达人营销的概念。
2. 了解达人及达人营销的重要性。
3. 了解达人与KOL的区别。
4. 了解常见的达人营销平台及达人营销现存的问题。
5. 掌握STAR达人营销方法论。
6. 熟悉社群及社群营销的概念。
7. 了解社区与社群的区别、社群的要素、社群构建、社群的输出方式及引流方法。
8. 熟悉社群营销的特点、优势、方法、关键要素,并能分析社群营销的价值。

☞ 能力目标

1. 能够通过网络资料的收集、分析和整理找出达人与KOL的区别。
2. 能够运用巨量星图发布的"STAR达人营销方法论"帮助品牌分析适合自身诉求的达人营销方法。

3. 能够根据社群的种类对日常生活中的社群进行分类。
4. 能够结合自身情况对社群营销的价值进行分析。

❒ 素质目标
1. 具有敏锐的洞察力。
2. 具有良好的信息素养和学习能力。
3. 具备总结归纳能力。
4. 具备独立思考能力。

思维导图

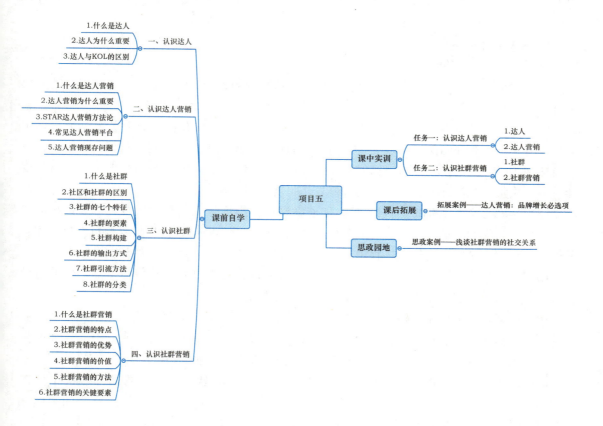

> 课前自学

一、认识达人

1. 什么是达人

伴随着短视频和直播开始火爆,一个新鲜的词语开始出现,即达人。在网络中达人是指在某一领域非常专业、出类拔萃的人物,是指在某方面很精通的人,即某方面的高手,也是指活跃用户,用户上线时长和内容更新频率很高的网民。

各内容平台对于创作者的叫法比较多,B 站的 UP 主,小红书的博主,知乎的答主,还有大 V、网红、红人、创作者、作者、写手等一系列叫法,营销话术不统一,也不利于宣传推广。字节跳动作为行业重要成员,造了一个"达人"的概念。

2. 达人为什么重要

(1) 达人是消费者的"数字镜像"。

①达人是消费者在数字世界的化身,他们是消费者的大脑和嘴巴,人们通过追捧达人反映自己的思想与价值观。

②达人从普通消费者中生长而来。2020 年,新诞生了 7 000 位抖音百万粉丝达人,其中 85% 没有充足资源和团队,所以更接近消费者的特征,使达人更容易建立信任。公关公司埃德曼在 2019 年的调研中发现,63% 的消费者更愿意相信达人口中的品牌。当达人成为深度参与消费决策的关键影响者,他们的价值自然也就得到重视。

(2) 达人是广告定向的"新锚点"。随着隐私保护力度加大,基于消费者行为数据的广告定向模式面临严峻挑战。企业需要为可能到来的变化抢先布局,去找到兼顾精准分发和隐私保护的新定向模式。在这个过程中,以达人为锚点分发广告成为可行的解决方案。

(3) 达人是商品销售的"催化剂"。以往,人们认为达人只是信息传播节点,但通过融合后链路能力,他们开始展现出成为商品销售节点的潜力。

例如,某口腔护理品牌在挑选达人时,就着重考察了近期有口腔类大众消费品带货经验的达人,将具体转化表现降序排列形成优先级,在综合考虑后确定合作对象。基于这样的思路,该品牌达人营销的 CPM 整体降低近六成,ROI 实现 85% 的提升。

(4) 达人也可以是创新传播的"试验场"。眼下,一些品牌对达人营销的玩法了然于胸,甚至衍生出创新玩法。某日化品牌就将达人营销作为验证创意策略方案优劣的"试验场",具体做法:首先通过巨量云图识别出"颜值"和"亮白"是可以传播的产品价值点;然后将两大元素打散重组下发达人;在达人按需求制作并发布内容后,品牌对每条短视频追投 500 元统一定向流量加热;最终在比较不同内容的数据表现后,品牌发现主打"亮白"的短视频 CPC 降低七成,由此确定将该利益点作为后续创意思路。

通过该案例,人们会发现达人的玩法创新空间非常广阔。只要方法得当,借助达人营销轻量试水,品牌就能用较小成本撬动产品研发、创意策略、消费者洞察等环节的高价值信息,让企业经营有据可依。

3. 达人与 KOL 的区别

KOL(Key Opinion Leader 关键意见领袖),主要生于微博时代。在早些年间,互联网还偏向于图文形式,KOL 的意见非常宝贵,一句话就能刺激很多用户下单。KOL 从出现时间上看,是达人的前辈(图 5-1)。在早期微博时代,第一批的 KOL 个个都是精英,如 papi 酱等,他们在微博上分享自己的观点,就能快速收获大批粉丝。随着社交媒体不断发展,用户对信息筛选的要求提高,KOL 开始细分成不同领域。这些 KOL 主要活跃于双微渠道,内容展现形式以图文为主。

图 5-1 KOL

达人这个概念基本是在 2019 年才开始出现的,他们跟随抖音、快手等短视频平台的火爆而走红。他们是某一个领域的专家,只是他们更愿意用短视频和直播这种形式来阐述问题。他们把自己代入内容,将自己的形象生动地表现出来,而不像 KOL 那样,在屏幕背后输出自己的观点。

KOL 和达人之间的关系是包含与被包含的关系,但是站在用户的角度上看待这两个群体则有不同的感受。KOL 的核心在于提出建议,一个 KOL 利用自身的经验和见解为用户输出看法、观点,从而影响受众的决策,所以真正的 KOL 是一定需要有自己独到的观点和意见,否则不能被称为 KOL;而达人的核心在于"种草"(激发购买欲望)和"拔草"(消除购买欲望),这是全新的概念(表 5-1)。

表 5-1 KOL 和达人的区别

项目	KOL	达人
诞生时期	约 2011 年	约 2019 年
内容形式	图文为主	短视频、直播为主
活跃平台	双微、知乎	快手、抖音
核心价值	看法、观点、建议	种草、拔草
如何影响用户	圈层影响	大数据影响

KOL 时代,用户自发形成一个个圈层,在各自圈层中大家会去寻找 KOL,并受其影响。达人时代,大数据算法进行内容分发,将达人的内容推送到兴趣用户的手机中,让用户找到组织(关注达人),逐渐受其影响。从如今社交媒体发展速度来看,KOL 人群正在向达人人群转变。目前,可以看到很多品牌方和营销人员在营销推广上也开始聚焦于达人营销,以寻求更好的品牌营销效果。

二、认识达人营销

1. 什么是达人营销

达人营销是品牌方通过与达人的合作,通过内容生产、线下活动等形式,实现对于品牌或商品的宣传。

达人营销是广告,是相较于开屏广告、信息流广告等更容易被用户接受的新型广告。

达人营销规模每年以 40%~50% 的速度快速增长,2021 年达人营销市场规模达 980 亿元;截至 2021 年 12 月,巨量星图入驻达人总数已经超过 156 万,客户数突破了 120 万家;

达人营销越来越呈现出常态化、长期化、一体化的趋势。

2. 达人营销为什么重要

（1）底层逻辑：三节点合一。相较于具有光环的明星和专家，有影响力的创作者与普通人的生活差异不大，这无疑增加了内容的贴近性和真实性。在这些优势的吸引下，企业开始将目光投向达人营销。

最早，达人营销更多是偶发式合作。品牌方决策人员会被某些达人的内容创作能力吸引，他们基于个人偏好选择合作对象，希望达人的形象和声誉能够加持品牌。

随后，达人营销开始出现脉冲式合作的特点。这时，随着更多用户将注意力转向社交平台，达人积累起足量粉丝，品牌方也开始对达人的信息传播能力产生兴趣，他们会在节日庆、销售大促等关键节点与达人开展合作，粉丝量和内容露出规模成为衡量效果的核心指标。

近几年，随着短视频等新内容形态备受欢迎，内容生产门槛进一步降低，更多达人开始出现，达人生态迎来大爆发。由此，达人营销开始跨入 3.0 阶段。在这个阶段，达人开始身兼内容创作节点、信息传播节点及商品销售节点三重角色。"三节点合一"的特征也让更多品牌将达人视为需要常态化运营的渠道。

（2）发展趋势：生态化。在 2021 巨量星图年度热榜中，还有另一个值得关注的趋势——达人营销的"生态化"发展正在成型。以往，品牌要与达人合作，只需要确定合作对象、建立联系管道、沟通创作方向、制作发布内容和提供结案数据等有限的几个动作，但现在面对浩如烟海的合作对象，选择合作对象、分配预算、跟进执行等工作成为在管理层面颇具挑战的事情，这也促成整个生态快速往精细分工的方向发展。

（3）高灵活性。企业可以根据自身诉求和流量大盘变化，将预算动态分配给不同类型的达人。丰沛的合作对象选择，让企业可以灵活跟随注意力流向的变化调整投放策略，拥有较强的主导权。

（4）破圈突围。品牌在长时间使用竞价触达后，往往也会面临模型收敛、难以破圈的问题，在这样的状态下，达人营销能够很好地起到补充作用。

新消费品牌轩妈蛋黄酥就曾遇到过类似的问题：它通过电商引流及品牌自播等常规营销手段，快速成长为细分品类的头部品牌；但常规操作能够触达的消费人群不可避免地走向饱和，如何获得第二增长曲线成为摆在企业面前的难题。谨慎思考后，它决定借助达人营销突破美食圈层并寻觅更多潜在消费者。通过与美食、剧情、随拍、文化教育等垂类达人合作，轩妈蛋黄酥迅速发掘出了更多突破圈层的用户。

3. STAR 达人营销方法论

现如今，达人营销更像是环环相扣的系统工程，找到正确的方法论至关重要。巨量星图推出了"STAR 达人营销方法论"，它由四个环节组成，如图 5-2 所示。

"STAR"传递的信息非常明确：达人营销不只是与达人合作，它应该是围绕达人建立的系统化过程，涵盖策略、内容及整合传播等方方面面。

4. 常见达人营销平台

在互联网新技术推动下，短视频、直播电商快速发展，达人营销正成为行业常态。达人营销对商业社会的渗透，已经不仅在转发、点赞、评论这些用户交互阶段，还不断延展到产品种草、用户转化、到店引导、注册下载等交易行为的驱动上，甚至影响创意生产、商业测试等越来越广泛的商业场景。与此同时，随着数据、人群的打通，达人营销与广告投放的联动也越来越密切，成为当下品牌经营、生意增长的有效利器。常见的达人营销平台有以下几个：

（1）淘宝达人。淘宝达人是指一群有情怀、有专业能力、有态度的各领域 KOL、媒体、机构、自媒体、网红、编辑、买手、模特等第三方伙伴，为消费者提供个性化、多样化的导购内容及服务，并以此获得粉丝关注和商业价值（图 5-3）。

淘宝达人可以图文、视频等形式，通过阿里创作平台分享信息、测评商品、发布资讯等，帮助用户选择更优质的产品，提高消费品质，提升消费体验。达人在为淘宝卖家推广商品的同时获得收益。

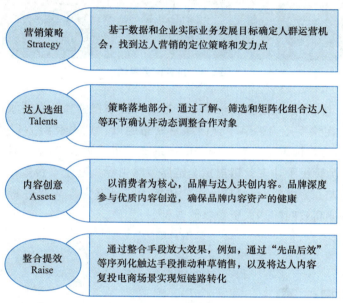

图 5-2　STAR 达人营销方法论

图 5-3　淘宝达人

（2）抖音达人。抖音达人是指粉丝基础广大且具有一定影响力的抖音用户，也可以简单地将抖音达人看作抖音上的网红，当粉丝达到一定数量后，抖音就会开放"星图"的权限,抖音星图是抖音官方的推广任务接单平台。过去,品牌方找达人拍摄广告,达人只需要在抖音官方给出的报备链接处报备即可,抖音并不从中抽成。现如今,官方的接单平台上线,意味着未来抖音将会从达人的原生广告中收取一定的附加费用(图5-4)。

图5-4 抖音巨量星图

(3)快手达人。快手达人是指在快手上,通过拍摄小视频和开直播收获一定粉丝量的创作达人。2022年,在快手磁力引擎联合微播易发布的以"烟火有声·市井无界"为主题的《快手达人营销价值与营销策略研究报告》中,系统发布了快手"4+场景&X+达人"内容营销模型,为品牌玩转快手达人营销提供全链路策略引导。基于平台数据、营销实践,报告首次提出"快手达人五力模型",以发展力、传播力、号召力、商业力和性价比5个维度为筛选指标,帮助品牌高效匹配达人资源(图5-5)。

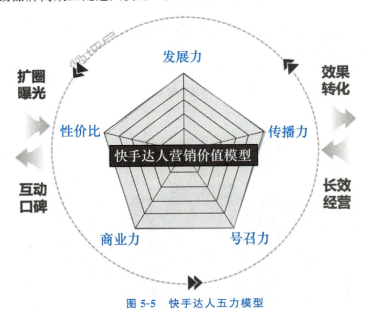

图5-5 快手达人五力模型

除帮助品牌高效匹配达人外,快手还把达人营销提升到新的高度,创新提出"X+达人"的达人营销策略,打造差异化玩法。其中,X是指快手平台的基建流量、优质内容、产品形式、电商经营,而达人则是配合X的核心所在(图5-6)。

图5-6 X+达人

5. 达人营销现存问题

（1）价格不规范、不透明。品牌方直接从达人那里拿价，一般不可能拿到价格。如果能拿到，也是非常高的价格。另外，很多品牌方从所谓的代理那里拿到报价，可能已经经过多个层级了，价格同样会很高，最终导致达人真的投放价格，大家都不知道。所以，品牌方投放广告时，尽量选择规模较大的广告投放平台进行合作，这样能够有效避免价格水分，以真实的价格促成合作。

> **想一想**
> 常见的三种达人营销平台的区别有哪些？

（2）对接效率低。自媒体时代，人人都是自媒体，无论是 KOL 还是达人，都分布于各种各样的平台之中，头部账号对接起来非常困难，经常找不到真正的负责人；中尾部账号又涉及太庞大的数量，广告主一一去筛选，其中的沟通成本会非常高。这样的情况通常让广告主费时费力，还达不到好的效果。

（3）数据真实性无法保证。众所周知，只要牵涉到数字就会有作假。互联网环境下，任何数据都可能更改。从 KOL 时代到达人时代，这个问题一直没有得到彻底解决。不少账号看着粉丝数据挺不错，但最终的投放效果非常惨淡。

三、认识社群

1. 什么是社群

社群是由一群有相互关系的人形成的网络。只有人和人之间产生交叉关系，有深入的情感连接，这样的群体才能被看作社群。点与点之间通过某种媒介的互动和连接出现了联系，连接这两个点之间的这条线就是社交。每个点不只连接一个点，于是多点之间的多线条社交就形成了面，并且经过不断的优胜劣汰、协作，连接线越来越牢固，形成的面也越来越稳固。社群中的人是有交叉关系的，正如这些点与线的连接，这些点与线形成的面就是社群（图5-7）。

从广义上说，社群是指在一定范围内（如某些边界线、地区等）产生作用的所有社会关系；从狭义上说，社群是指具有共同特性、爱好的个体集合而成的兴趣共同体。在移动互联网时代，经常提到的社群指的便是狭义上的社群，它往往是通过网络集合的方式得以实现。

图 5-7 社群

2. 社区和社群的区别

社区强调的是人与人之间在物理空间中的联系；社群强调的是人与人在虚拟网络空间的关系。

社区是陌生人社交、弱关系、强化创建者。社区的创建者通常起到搭平台的作用，社区成员各自为政形成自己的体系，不以创建者为中心。社区是信息的集成，社群是人的集成社区，主要是指网络社区，如BBS、贴吧等，用户大多是在社区里进行信息的交换，社交属性相对较低，社区围绕帖子、评论，形成的是信息矩阵。人们登录到社区，主要是为了阅览信息，单对单的交流并不便利，且没有那么高频，通常是互相评论回复，与微信、QQ等社交工具相比，社交属性弱了很多。

社群是熟人社交、强关系，能够实现自组织、自运行，个体进入社群的目的是获得人脉、建立信用。社群成员之间的关系比社区强很多，交流效率也高很多，匹配门槛也高。因为社群有筛选机制，一直在净化人群，保证价值观高度一致的人聚集在一起。社群成员之间通过各种活动、分享，彼此十分了解，并且能碰撞出新的价值（图5-8）。

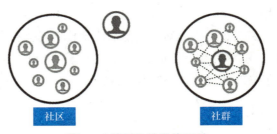

图 5-8 社区和社群的区别

3. 社群的七个特征

（1）共同价值观。"人以群分，物以类聚"，通常这群人都会有共同的价值观标签。共同观看起来很虚，但是它能够像规则一样指导和统一社群成员意识，形成一些具象的内容，称为亚文化。如社群的LOGO、音乐、口号、俚语及手势等。

（2）共同目标。社群有若干个共同的目标（包含大目标和小目标），社群成员为完成共同目标相互帮助和协作。共同目标必须是符合大多数社群成员意愿的。在这个大目标之下又有许多小目标，如每个月完成特定内容的学习。

（3）行为规范。行为规范能够清晰地告诉社群成员："要实现共同目标，需要做哪些事情"。行为规范越简单效果越好，如果要求太多或难度太高，会直接影响社群成员的积极性，可能导致社群成员选择放弃。在社群运营过程中一定是"过程大于结果，鼓励多于批评"，要让每个参与的人都觉得有收获，有信心坚持下去。

（4）组织结构。一个社群会有不同层级，有社群的发起者或管理者、有热心的贡献者、有普通参与者。有些社群组织清晰，层级较为细分，像某些社群，有践行者、组长、值日生、班长，在群之上还有校长等。不同层级承担着不同的责任与权力，需要不断地引导社群底层的人们向上一级走，形成正向的内部循环，这种驱动可以让社群持续运转和达到复制性。

（5）内部链接。社群中的每个人都有平等发言权，通过社群中持续地产生互动和协作，让社群成员能够相互认识、相互信任，产生情感链接，通过多重方式的内部链接，让整个社群最终达到一个稳固的状态。

（6）榜样力量。每个社群都需要有若干个榜样，有时称之为 KOL（意见领袖）或灵魂人物。社群靠的是无数普通人榜样，通过普通人来传递价值理念，这种榜样会比普通人更有说服力。榜样的影响力越大，这个社群的号召力也越大。

（7）稳定输出。社群要有持续稳定的产出，产出形式可以是产品、音频节目、文章、品牌活动，稳定输出是社群存在的根本，同时，通过稳定输出能够让社群之外的人了解到社群，并且鼓励更多人融入社群。产出过程中需要鼓励社群成员的共同参与，从一个人输出转变为一群人输出，从 PGC 逐步转变成 UGC，并且能够让参与的社群成员体会到自身价值的提升。

4. 社群的要素

社群是随着社会不断发展变化而衍变出现的，现如今社群已经成为人们互联网生活中的必然。一个完整的社群包括以下五个要素：

（1）同好。同好是社群第一要素，是社群成立的前提。所谓"同好"，就是人们对于某些事情有共同的看法、共同的爱好、共同的目的等，因为这些共同的因素聚集在一起，如明星的粉丝群，是因为大家都喜欢某个明星而聚集在一起的。

（2）社群的结构。社群的结构是社群第二要素，决定了社群存活时间。很多社群为什么最后都走向沉寂？那是因为一开始没有对社群的结构进行有效规划，包括组织成员、交流平台、加入原则、管理规范，这四个方面做得越好，社群存续的时间越长。

（3）社群的输出。输出是构成社群的第三要素，它决定了社群的价值。持续输出有价值的内容是考验社群生命力的重要指标之一。社群往往在刚开始建立时活跃度比较高，但是往往随着时间的推移，社群的活跃度会越来越低，甚至到最后成为"死群"。其实往往是因为社群没有持续输出一些有价值的内容。群内不再提供一些有价值的内容之后，人们就不能再从群里获得什么，从而往往就不再对一个群进行过多的关注。当然，一个群如果持续输出一些相同或类似的内容，社群往往也会走向"死群"，这是因为当人们刚进入这个社群时会对群内的内容产生兴趣和关注度，但是如果群内一直产出同样的内容，久而久之人们也不再有兴趣，从而不再产生关注，这就要求群内需要不断地提供一些新鲜且有价值的内容。

（4）社群的运营。运营是社群第四要素，决定了社群的生命周期。主要是通过举办一些线上线下的社群活动，或者组织讨论、分享，保持群内活跃度，保证群员之间的互动，进而保证社群的凝聚力。

（5）社群的复制。社群的复制是构成社群的第五要素，它决定了社群的规模。一个社群如果能够复制出多个平行社群，会形成巨大的规模。由于社群的核心是情感归宿和价值认同，那么社群过大，情感容易分裂。人们有时会有一种误区，认为没有几万人都不好意思称为社群，人人都想组建人多的大社群，但是不活跃的大社群有很多。所以，社群规模要看社群的成长阶段，每个社群都有一定的成长周期，不同的阶段用不同的节奏进行控制。

5. 社群构建

（1）社群人群定位。做社群首先需要考虑的是社群目标人群，先分析这部分人，确定他们的特点，再找有相同特点和兴趣爱好的人。社群是有共同特点和需求的人聚集的结果，构建社群的基础便是找到一类具有共同爱好的人。例如，企业的目标用户是喜爱民族服饰的消费者，那么社群目标人群便是喜爱民族服饰的人，在此基础上创建的社群才能在保持活跃度的同时不断完成潜在变现转化。

（2）引流"吸粉"，确定群结构。社群初期引流很难，没有人气的社群很少有人愿意加入。首先可以从身边的朋友入手，让他们帮忙推荐，把社群的第一批群成员拉进来；然后利用各种社交平台发软文广告，在社区贴海报、做线上线下的活动，吸引对社群感兴趣或有想法的人主动加入。

社群有了一定数量的群成员以后，需要注意完善群结构。社群结构有金字塔结构与环形结构两种。在组建社群时要根据社群属性确定社群结构：金字塔结构常运用于学习群，在此结构中，群成员基本上是追随有影响力的人物进行学习；环形结构多用于交流群中，每一次群交流，每一次活动，群成员的身份都是可以互相变化的。

（3）价值输出。价值输出决定了社群的寿命，社群从进入第一个群成员开始，社群的机制就要正常运转起来，而价值输出是留住用户的最重要手段，无论是为他们提供专业的知识，还是不定期对报告的输出，都要持续而有价值。社群早期的输出主要依靠群主、意见领袖和种子用户，有了一定的用户基础后，输出就要群体化，让普通成员也能够参与内容输出。

（4）社群运营。社群的价值在于运营。运营需要专业的执行团队，至少承担内容生产、活动策划、新媒体运营、客服4项工作。社群运营团队可定期组织群内活动，不断提高社群活跃度（图5-9）。

图 5-9　社群运营

(5) 优化迭代。绝大多数的互联网产品会进行版本升级,这说明互联网的产品是不断迭代升级的。随着成员人数的增加,社群需要不断丰富内容、丰富服务,需要结合群成员需求增加新服务、新卖点等。因此,社群需要每隔一定周期进行优化迭代。

(6) 分化群规模。社群需要可持续性的发展,在保证社群质量的前提下要适当扩大群规模。例如,先做一个普通的社群,后面可能需要做一个更加高阶的社群,此时可以筛选优质人群,甚至是让群里的优质成员裂变出新的社群,或者在一个优秀社群的基础上复制出第二个、第三个社群,这就是社群的分化。

6. 社群的输出方式

社群必须要有稳定的输出,有输出才能向更多的人传递社群的价值观。常见的输出方式有 UGC、PGC、OGC,三者关系如图 5-10、图 5-11 所示。

(1) UGC(User-generated Content,用户生产内容)。UGC 模式的实践较早,出现于 2005 年,即用户将自己原创的内容通过互联网平台进行展示或提供给其他用户,主要是通过激励用户生产内容,形成社群氛围,任何一个用户都可以在平台上创造内容,供别人分享。以 YouTube 为代表的视频分享网站率先成功实践

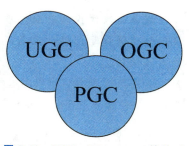

图 5-10　UGC、PGC、OGC 的关系

了 UGC 的发布和分享。同年,摩根士丹利首席分析师 Mary Meeker 在《2005 年度中国互联网行业报告》中,首次提出 UGC 这一术语。信息规模化、用户参与开放性及交流互动性等特征彰显了 UGC 模式在舆论发展中的积极推动作用。与此同时,UGC 模式的现有局限又成为阻碍舆论健康发展的对抗力量。常见的 UGC 平台有微博、抖音、快手、哔哩哔哩、知乎、贴吧、论坛、直播间等。平台内容由其用户自行创作,平台人员只负责管理和维护。

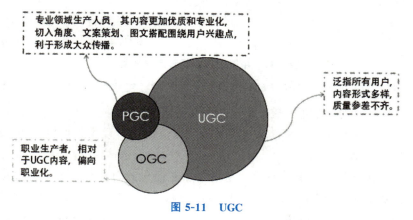

图 5-11　UGC

(2) PGC(Professionally-generated Content,专业生产内容)。PGC 主要通过专业人士生产内容,供用户浏览,PGC 也称为 PPC(Professionally-produced Content)。PGC 经由传统广电业者按照与电视节目基本相同的方式进行制作,但在内容的传播层面,必须按照互联网的传播特性进行调整。PGC 是 UGC 平台里的"香饽饽",它的生产者大多耳熟能详,被称为大 V、网红、KOL 等,这些人通常在 UGC 平台里发展较好,他们的收入大多源于打赏或广告,更好的则创建了自己的品牌,拥有巨大的粉丝影响力。

（3）OGC（Occupationally-generated Content，职业生产内容）。OGC 是指通过具有一定知识和专业背景的行业人士生产内容，并领取相应报酬。如媒体平台的记者、编辑、版主，既有新闻的专业背景，也以写稿为职业领取报酬。常见的 OGC 平台有新华网、人民网、专业视频网站（如爱奇艺、优酷、腾讯视频）等，平台内容由平台雇员创作或购买外部版权。

> **博学多闻**
>
> **中国二次元食品产业链条趋于完善**
>
> 随着二次元视频产业发展环境逐步向好，产业链日渐完善。技术发展为二次元视频创作降低了门槛，大量二次元用户跃升为内容生产者，极大丰富了二次元视频的内容供给。
>
> 如图 5-12 所示，中国二次元视频产业链条：内容生产—内容传播—内容变现。内容生产主要包括三个部分，而其中的 OGC（职业生产内容）则属于内容生产中的一部分。
>
>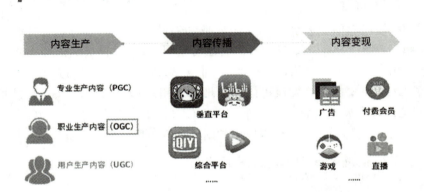
>
> 图 5-12　中国二次元视频产业链条

UGC、PGC、OGC 三者之间既有密切联系又有明显的区别。UGC 是互联网侧重平台功能的概念。一个平台说做 UGC 的意思，就是指开通功能，实现用户可以自主创作、提交内容并通过平台发布传播。

PGC 是对内容进行划分的概念，通常是指更加专业化的内容、优质化的内容、平台核心价值的内容。如知乎 VS 悟空问答、微视 VS 抖音等，一定会与 PGC 内容创作者进行争夺。OGC 是侧重营销、推广、市场的概念。UGC、PGC、OGC 三者其实是可以转化的，PGC 就是随着互联网发展，从 UGC 中细化的一个分支。所以大家一定要坚持学习，也许内容就从 UGC 转化为 PGC 了；如果具有一定的商业性，有报酬，也许内容就能转化为 OGC 了。

7. 社群引流方法

社群搭建之后，就可以选择平台进行各种营销活动了。社群营销不仅是一种营销思路，更应该纳入企业的商业模式。它需要打破很多传统思维和解决问题的方法，在互联网社会，它是企业生存、发展必不可少的策略。电子商务"流量为王"，而"好的内容"就是流量入口，社群则可用于流量沉淀，电子商务可借助社群最终完成流量变现，利用社群变现的关键是向社群引流，目前常见的社群引流方法分为以下 5 种：

（1）高质量的原创内容。很多社群（或自媒体平台）在运营时不停地搬运已有的内容，这反而让用户对于原创、创新的内容更加渴望，更倾向于获取高质量的原创内容。社群引流可以利用高质量的原创内容吸引用户。

（2）福利。社群建立最初，社群成员没有建立起情感链接，定期在社群内发放福利，如发放红包或优惠券，能使成员逐渐活跃，有利于社群的良好发展。

（3）转发免费领礼品。每个人的微信经常会收到转发有奖、转发集赞超过多少就会返现或送精美礼物等信息，引导人们进行信息的二次传播，吸引用户加入微信群，这时微信群就成了一个流量池。

（4）利用短视频 App 引流。可以在美拍、抖音、快手等这类短视频 App 上定期定量上传与自己社群相关的内容或创建话题。

（5）大平台原创账号引流。现阶段自媒体原创内容的分发平台已经不止微信公众号，其他各大平台也都在推出内容计划，顺应此趋势进行内容引流，可以在各大平台获得相应的搜索引擎权重，如借助头条号、大鱼号、企鹅号、搜狐号、百家号等。

8. 社群的分类

目前，社群形态可分为产品型社群、兴趣型社群、品牌型社群、知识型社群、工具型社群 5 大类别。

（1）产品型社群。在商业社会里，产品始终是第一位的。优秀的产品能直接带来可观的用户、粉丝群体，基于这个群体还可以开展更多业务，实现利润的增加。因此，企业如果能够经营自身的产品社群，做到营销和产品合一、粉丝和用户合一，那么未必要通过产品直接盈利，有更多的盈利方式可以探索。产品型社群是互联网社会组织结构的新模式，是家庭、企业之外的另一种联系方式。产品型社群这条路径是新互联网商业模式，是目前已被验证符合逻辑的一种路径。产品型社群具有以下几个重要的思维特征：

① 中间利润为零，利润递延。
② 功能成为必需，情感成为刚需。
③ 人异端化，组织社群化。

产品型社群想要成功需要两个前提条件，即情怀和势能。

（2）兴趣型社群。兴趣型社群是源于大家共同的兴趣和爱好的一个群体，就是基于兴趣而创建的社群，通过虚拟网络由具有共同兴趣的参与者组成。群体之间通过网络进行互动交流，寻找到一群彼此兴趣相投的伙伴，交流的话题涉及兴趣和知识，实现了人与人之间的自由聚合。兴趣型社群是较为常见的，如手机、汽车、运动、摄影等。兴趣型社群形成的关键是"同好"，大家在社群中有收获、有分享。基于"同好"，社群中会出现大量的铁杆拥护者。兴趣型社群的种类繁多，各有各的优势，如科技创业类社群"36 氪"（图 5-13）、时尚消费类社群"美丽说"等。无论哪种兴趣型社群，都蕴含着巨大的商业价值。

图 5-13　36 氪

（3）品牌型社群。品牌型社群是一种新的品牌营销模式，是由 Muniz 和 O'Guinn 提出的，这一概念强调品牌与消费者及消费者之间的各种关系，而不只是当前顾客会员制所强调的折扣与优惠。品牌型社群是产品型社群的一种延伸，以用户对产品的情感利益为联系纽带。用户基于对产品的特殊感情和认知，认为品牌能体现自身的体验价值和形象价值。用户认为这种品牌价值符合他们的人生观和价值观，让他们从心理上得到契合，从而使他们产生心理上的共鸣。常见运动品牌如图 5-14 所示。

（4）知识型社群。从狭义上说，知识型社群是指通过互动机制，如讨论区、留言板、聊天室、公布栏等共同创造知识、分享知识的企业团体；从广义上说，知识型社群是指以学习知识为主要动机的社群，它提供高质量的文字、视频、分享会、课程、参观等形式的知识内容。知识型社群是兴趣型社群的另一种延伸。知识型社群成员乐于分享自己的经验、知识和成果。社群成员之间相互交流和学习，并从中得到相互的肯定和尊重。由于群员在社群活动中自发地交换意见和观念，因此，知识型社群经常会出现思想上的激烈碰撞。

图 5-14　常见运动品牌

（5）工具型社群。现如今，社群已经渗透到人们的工作、学习、生活中，成为一种普遍的日常状态。在这一趋势下，社群成了加强实时沟通的一种灵活方便的工具。工具型社群是基于社群应用平台的社群，如微博、微信、头条、钉钉等。各种社群软件和社群应用为人们进行社群交流提供了基础性工具，从社群渗透到社群成员个体的工作生活中。社交工具日常应用让社群成员在现实社群和网络社群两种状态下相互交叉。工具型社群具有应用性、灵活性、场景性等特点。

四、认识社群营销

社群搭建之后，就可以选择平台进行各种营销活动了。社群营销不仅是一种营销思路，更应该纳入企业的商业模式。它需要打破很多传统思维和解决问题的方法，在互联网社会，它是企业生存、发展必不可少的策略。

1. 什么是社群营销

社群营销就是在互联网数字化社群的社会环境下，充分运用互联网工具，利用群体失智、情绪化的特点，激发社群所蕴藏的巨大能量，达到营销的目的。

社群营销的核心是"人"，辅助因素是产品与服务。其目的是通过赋予品牌人格化的特征,努力在品牌和消费者之间形成感情,让消费者保持对品牌的情怀,即情感依恋,从而积极热情、不计报酬地宣扬自己偏爱的品牌,甚至直接销售产品。

社群营销就是基于相同或相似的兴趣爱好,通过某种载体聚集人气,通过产品或服务满足群体需求而产生的商业形态。社群营销的载体不局限于微信等线上平台,甚至线下的平台和社区都可以进行社群营销。

2. 社群营销的特点

(1) 弱中心化。社群营销是一种扁平化网状结构,人们可以一对多、多对多地实现互动,进行传播,并不是只有一个组织人和一个富有话语权的人,而是每个人都能说,使传播主体由单一走向多重,由集中走向分散,这是一个弱中心化的过程。

(2) 互动性强。社群营销主要是让用户与用户之间多沟通、多交流,群内如果有几个忠实的老客户,他们的每句话都可以作为产品的第二次传播,提升产品在用户之间的口碑,对于第一次购买产品的用户,或者进了社群还没有产生交易的用户,将会产生良性的影响,影响商家与用户之间直接的沟通,也能为销售额带来直接的影响。

(3) 情感营销(图 5-15)。社群营销与其他营销模式不同,社群营销更看重情感,在这个营销过程中,商家需要与客户确立情感上的联系,通过沟通从陌生人逐渐成为朋友,商家需要用心去维护好新老用户,通过用心的服务让他们买单。

(4) 自行运转。在社群营销中,持续做好基本的运营工作就会有好的效果,商家在服务用户的整个过程中,潜移默化地为产品建立良好的口碑,这个时候用户会不知不觉被产品、服务打动,因此促成新的订单,如果在使用产品过程中也能得到相同的待遇,自然而然会口口相传,这也是社群的一大特点——自行运转。

图 5-15 情感营销

3. 社群营销的优势

(1) 与传统的营销方式相比,社群营销成本更低。传统的营销方式广告费用高昂,广告针对的客户群体还不聚焦,浪费严重,而社群营销可以说是零成本,人人都可以做,而且在社群中,每个群员既是购买者,也是传播者,只要企业的产品过硬,运营得当,社群裂变所产生的营销效果巨大。

(2) 社群营销用户精准。社群营销是基于圈子、人脉而产生的营销模式。社群是一个有稳定的群体结构和较一致的群体意识;成员有一致的行为规范、持续的互动关系;成员间分工协作,具有一致行动的能力而聚集在一起的一个圈子。也就是说,社群里面聚集的都是有着共同需求的用户,也就是微商行业经常说的精准粉丝。

在当今社会,人们的消费是分圈层的,相同圈层的人是可以聚集在一起的,他们可以买相同品牌、价位的产品,但是不同圈层的人就很难玩到一起了。大家在购买产品时不再是基于功能性的消费,而是在某个场景下的消费。社群营销就是产品特定为某一类人设计的,他们有共同的兴趣爱好、行动目的,甚至思维方式都高度一致。

(3) 可以通过社交工具高效率传播。著名的六度空间理论认为,每个人和任何一个陌生人之间所间隔的人不会超过 6 个,也就是说,最多通过 5 个中间人就能够认识一个陌生人。而在互联网时代,六度空间理论实现的可能性变得更大了。社群的本质是链接,由手机端和计算机端构建的新媒体环境彻底突破了空间和时间的限制,将人与人联系在一起,而且这种联系通常是一种基于熟人的联系。出于对熟人的相对了解,在咨询信息、购买产品等方面也更为信任,如果能获得一个用户的信任,那么熟人传播的力量往往会超乎想象。假设群内有500人,每个人朋友圈有100人,每个人转发一次产品文章,那么该文章的曝光量为5万,因此,社群最大的优势便是传播速度及范围。

(4) 通过社群可以更好地将用户沉淀下来。传统的生意模式,产品卖了以后,卖家和买家之间就没有任何关系了,除非买家想退货,或者产品有质量问题,买家才会找到卖家。但采用社群营销,把用过产品的人的联系方式都沉淀到微信群里或其他社交工具中,当有新的产品推出后,这些客户都有可能购买。

因此,在如今企业运营成本、获客成本居高不下的经济环境下,企业在社群营销上寻求突破不失为一条有效的营销路径。

4. 社群营销的价值

(1) 拥抱更多潜在用户,为企业注入新的血液,继而精准定向、有效转化购买,避免不必要的营销沟通成本。

(2) 社群+的营销方式,极大地降低用户信任成本和品牌沟通门槛,将用户与品牌深度捆绑,提高了用户服务品质。品牌的树立是一个长期的过程,塑造的形象必须被周围大众广泛接受并长期认同,而社群的形态便于公司产品直接展示自身鲜明的个性和情感特征,让用户可以感受品牌的温度。

(3) 百万级的社群就是百万级的渠道,也是百万级的流量,大幅度降低了品牌渠道推广成本,为品牌主、个人协作成本上减负。

(4) 构建竞争壁垒,打造品牌圈层,让用户的社交关系进行沉淀并且与商品属性进行了捆绑融合,提高群和用户之间的黏性,也让品牌更具活力。

(5) 将用户沉淀为自有客户,搭建品牌用户沟通桥梁,利于后期的客户管理,配合助理式服务运营粉丝群体,最终达到提升营销转化的目的,深度捆绑价值赋能。在传统的营销环境中,产品售出后,除退换货外,似乎和客户已断了连接,而社群是要圈住客户,让其更深度地参与企业产品的反馈升级及品牌推广,进而维护顾客黏性。

(6) 可以打造相同取向和价值观的社群圈层,并将高度重叠的社群化圈子常态化、生活化,进而改变现实世界的生活轨迹与人际关系,社群经济对未来生活、工作、社会产生巨大影响。

(7) 刺激产品销售,无论是基于共同兴趣的学习型社群,还是基于个人目的的运动塑身群,通过共同的价值观及每天的社群营销活动感染,能够激发人们的购买冲动,通过社群发布产品的信息或发起购买产品,以这样的形式实现有性格的产品销售。

5. 社群营销的方法

(1) 灵魂人物营销。灵魂人物就是社群中占据主导地位的成员,是整个社群的核心,一般是人格魅力、专业技能、能力出众的成员,如小米的雷军、"罗辑思维"的罗振宇等。灵魂人物可能兼任社群组织者、内容创造者、思考者等多重身份,对社群的定位、发展、成长等有长远的考虑。

以灵魂人物为主体进行的社群营销,就是通过灵魂人物在某一领域的影响力,吸引感兴趣的消费者加入社群,能激活其他社群成员,为社群创造更多价值。这种营销方式对灵魂人物的要求较高，需要其具有独特的人格魅力和影响力。

（2）社群文化营销。社群文化是一个社群由其LOGO、规则、福利、口号及价值观、处事方式等组成特有的文化。依靠社群文化进行营销，就是通过社群传达的文化氛围，使消费者对社群产生好奇心理，吸引消费者自发了解社群，加入社群，如小米社区官方网站等（图5-16）。

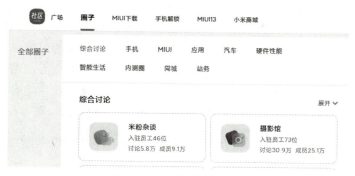

图5-16 小米社区官方网站

（3）价值营销。价值是指社群中能够给社群成员提供知识、经验或实惠，帮助社群成员学习、解决相关问题的内容。利用价值进行社群营销，就是向消费者展示能在社群中获得的知识等，吸引消费者加入社群。价值营销对价值的输出频率、质量等有所要求。

6. 社群营销的关键要素

（1）清晰的社群定位。在建立社群之前，营销者必须先做好社群定位，明确社群的目标、人群，社群定位能够充分体现企业的核心价值。一般来说，社群定位要基于社群的类型和企业的性质。按照产品形式，社群可分为产品型社群、服务型社群和自媒体社群等；按照划分范围，社群可分为品牌社群、消费者社群和产品社群。当然，无论如何对社群进行划分，其目的都是确定社群的基调，保证社群既能满足成员特定的价值需求，又能为社群营销者带来回报，形成良好的自运行经济系统。

博学多闻

"凯叔讲故事"的社群营销

"凯叔讲故事"的创始人王凯，毕业后长期从事配音工作，还曾任职中央电视台经济频道《财富故事会》主持人，能力出众。从中央电视台辞职后，王凯凭借着多年配音、主持经验和给自己的小孩讲故事的心得体会，开设了名为"凯叔讲故事"的微信公众号。

经过多年经营，"凯叔讲故事"已发展成拥有"凯叔讲故事"微信公众号、"凯叔讲故事"App、"凯叔优选"商城等平台的知名互联网亲子社群和儿童品牌（图5-17）。

图5-17 凯叔讲故事

(2) 持续输出价值。社群运营最本质的是价值的持续输出。社群的价值输出有两个重要节点，即首次的第一印象和后续的持续输出。首次输出，对社群运营是提纲挈领的存在，决定了用户对社群的第一印象；社群第一次的文案表达和价值触感，做得再隆重都不为过，包含不限于结合用户的进群动机、结合自身业务的价值包装、对后续社群的价值规划。后续的价值输出，都是在维护首次的宣传口径，核心内容是输出价值的稳定性。在稳定的同时不断提升用户预期，包含用户对产品的预期和对自己的预期。

社群实际上都是人设包装，要么是产品的包装，要么是效果的包装。前者是转化的外在驱动力；后者是转化的内在驱动力，两者相辅相成。存量市场的今天，用户愿意付费的都是产品效果，并非产品本身；所以，产品经理培训都是在强调包就业，美容、整容行业在强调青春靓丽。所以，价值稳定的人设包装，是社群成败的关键所在。

博学多闻

万能的"大熊会"

"大熊会"是由自媒体人"万能的大熊"于2011年年底开始筹建的收费社群，起初借助微信的红利，开发"朋友圈营销"方面的培训内容。随着越来越多的人开始重视微商，"万能的大熊"通过产出大量高质量的原创文章，收获了众多粉丝（图5-18）。

"大熊会"目前致力于自媒体建设和社群电商的模式策划推广运营，让拥有一定粉丝量的自媒体用户实现变现，目的是把微商人士聚集在一起分享、交流经验，帮助更多人通过微信、微博等工具打造自己的品牌和产品，实现低成本创业。"大熊会"的成员有的是通过朋友介绍而来，也有的是慕名而来。同时，"万能的大熊"通过同名微信公众号、视频号及微博持续推送高质量的原创文章和视频内容吸引消费者。另外，"万能的大熊"会定期组织群内培训，并为成员建立交流平台。为了保持社群的活跃度，"大熊会"每年都会解散老社群，然后重新接纳新的社群人员。

图 5-18 大熊会

(3) 维护消费者活跃度。社群成员之间的在线沟通多依靠微信、QQ等。对于社群运营而言，能否建立更加紧密的成员关系，直接影响社群最终的发展，社群活跃度也是衡量社群价值的一个重要指标。现如今，大多数成功的社群运营已经从线上延伸到线下，从线上资源信息的输出共享、社群成员之间的互动，到线下组织社群成员聚会和活动，目的都是增强社群的凝聚力，提高消费者活跃度。

(4) 打造社群口碑。口碑是社群最好的宣传工具，社群口碑与品牌口碑一样，都必须依靠好产品、好内容、好服务进行支撑，经过不断的积累和沉淀才能逐渐形成。一个社群要想打造良好的口碑，必须从基础做起，抓好社群服务，为成员提供价值，然后才能逐渐形成口碑，带动成员自发传播，逐渐建立以社群为基点的圈子，社群才能真正得到发展。

博学多闻

社群口碑提升消费者复购率

一对年轻夫妻在小区附近经营着一家水果店，创业初期便通过微信创建了一个会员群，消费者购买水果时，他们会邀请年轻的消费者加入会员群，入群后，可以享受会员优惠。为了营造好的口碑，他们每天定时发布优惠商品，群内成员不仅可以第一时间了解优惠信息，还可以在群内下单购买水果，享受送货上门的服务。同时，对于指定的商品，他们会通过发红包的方式确定商品折扣，如群内成员红包尾数为1的购买商品可享受7.1折，尾数为2的购买商品可享受7.2折，以此类推，而获得"最佳手气"的成员可享受5折优惠，通过这种玩法增加趣味性，调动群内成员的活跃度。另外，因为群内成员大多是周边的人，所以会在群内进行旧物置换、信息分享等。由于群内氛围和口碑较好，因此有效地提升了消费者复购率。

课前自测

一、单选题

1. 下列关于达人的说法，正确的是（　　）。
A. 达人是指某一领域非常专业，出类拔萃的人物，指在某方面很精通的人
B. 达人不是从普通消费者中生长而来
C. 达人是指活跃用户，用户上线时长和内容更新频率一般的网民
D. 达人是指网红

2. 关于达人的重要性，下列说法正确的是（　　）。
A. 达人是消费者的"数字镜像"
B. 达人不是广告定向的"新锚点"
C. 达人不是商品销售的"催化剂"
D. 达人不是创新传播的场地

3. 达人营销的本质在于（　　）。
A. 达人应用了最新的技术
B. 达人提供最新的内容
C. 每个人既是内容的生产者，也是传播者
D. 达人营销使用最新的设备

4. 不属于达人运营日常工作流程的是（　　）。
A. 选定主题　　　　　　　　　　B. 素材搜索
C. 监测数据　　　　　　　　　　D. 现场采访

5. 企业对达人运营人员的能力要求中，最普遍的是（　　）。
A. 文字表达能力　　　　　　　　B. 项目管理能力
C. 用户洞察能力　　　　　　　　D. 热点跟进能力

6. 关于达人营销，下列说法正确的是（　　）。

A. 达人营销是一种网络传播

B. 达人营销是一种双项传播

C. 达人营销是一种信息传播

D. 达人营销是一种服务传播

7. 下面不属于社群营销的优势是（　　）。

A. 成本高　　　　B. 用户精准　　　　C. 传播效率高　　　　D. 沉淀用户粉丝

二、多选题

1. 社群营销的价值体现在（　　）。

A. 拥抱更多潜在用户，为企业注入新的血液

B. 社群+的营销方式，极大地降低用户信任成本和品牌沟通门槛

C. 百万级的社群，就是百万级的渠道，也是百万级的流量

D. 构建竞争壁垒，打造品牌圈层

2. 关于社群分类，下列说法正确的是（　　）。

A. 产品型社群　　　B. 兴趣型社群　　　C. 品牌型社群　　　D. 知识型社群

3. 达人营销的3个趋势，即（　　）。

A. 品牌视频化　　　B. 视频网络化　　　C. 短视频直播化　　　D. 手段超前化

三、判断题

1. 达人营销就是直播带货。（　　）

2. 达人营销包含短视频带货。（　　）

3. 达人营销和抖音等平台直播带货相差不大。（　　）

4. 社群营销的价值是拥抱更多潜在用户，为企业注入新的血液，继而精准定向，有效转化购买，避免不必要的营销沟通成本。（　　）

5. 社群营销就是基于相同或相似的兴趣爱好，通过某种载体聚集人气，通过产品或服务满足群体需求而产生的商业形态。（　　）

四、简答题

1. 达人营销的重要性包括哪些？

2. 社群营销的优势有哪些？

参考答案

课中实训

任务一 认识达人营销

【任务描述】

无论在海外还是国内,企业对达人营销的兴趣显著增长,超过九成的CMO对达人营销持肯定态度,达人开始扮演多重角色进而成为推动达人营销发展的关键因素。本任务我们将一起来学习关于达人营销的相关知识。

【任务目标】

1. 能够举例说明什么是达人。
2. 能够通过网络资料的收集、分析和整理找出达人与KOL的区别。
3. 能够描述什么是达人营销。
4. 能够运用巨量星图发布的"STAR达人营销方法论"帮助品牌分析适合自身诉求的达人营销方法。

【任务需求】

1. 计算机/手机。
2. 百度网站平台https://www.baidu.com/。
3. 良好的网络环境。

【任务实施】

1. 达人

自媒体盛行时代,各平台出现越来越多的达人和KOL,利用网络收集关于达人和KOL的相关资料,分析达人和KOL的异同,并将分析结果填入表5-2中。

表5-2 达人与KOL的区别

相同点	不同点

2. 达人营销

2022年5月7日,巨量星图正式发布《巨量星图STAR达人营销方法论白皮书》,通过以"策略+数据+创意+技术"为核心的"STAR达人营销方法论",帮助品牌快速找到适用自身诉求的达人营销策略及转化路径,让达人营销实现品牌建设→种草心智→生意转化的全链路长效增长。结合STAR达人营销方法论,小组分析讨论如何用四步做到达人营销的品效合一,将分析讨论的结果填入表5-3中。

表 5-3　四步做到达人营销的品效合一

序号	四步	具体做法
1	营销策略	
2	达人选组	
3	内容创意	
4	整合提效	

知识拓展

达人营销的内涵、效能

1. 达人营销的内涵

达人营销的内涵是指通过消费者在数字世界的化身，把达人当作消费者的大脑和嘴巴，人们通过追捧达人反映自己的思想与价值观，从普通消费者中生长而来提高消费量的营销方式。

2. 达人营销效能

（1）品牌选择的达人应该确实有能帮助品牌种草的能力。有官方数据显示，品牌在将达人视频积累后作为硬广投向定向人群和没有被种过草的同质人群相比，投放的投资回报率（ROI）提升了41%。

（2）达人的信用背书是非常关键的，新品牌如果想获得这种信用背书并不容易，既要产品过硬，也要有自己能打动达人的关键点。

（3）达人的短视频素材经过积累后，还可以用于效果广告。品牌如果想做好抖音生意，效果广告的出量和素材质量都非常重要。

（4）和达人合作的效益应该是可以产生长线效益的，积累的成交样本和种草人群都可以做成自定义（DMP）人群包，帮助系统校正品牌目标人群，让之后的效果广告更有效率。

任务二　认识社群营销

【任务描述】

现如今，绝大多数企业面临的营销局面是流量红利远去，获客成本居高不下，转化率日渐走低，同质化竞争日趋严重。面对这种情况应该如何突围？只有做社群才是最好的生存之道！本任务将带着大家一起来认识社群及社群营销方面的相关知识。

【任务目标】

1. 能够举例说明什么是社群。

2. 能够根据社群的种类对日常生活中的社群进行分类。

3. 能够结合自身情况对社群营销的价值进行分析。

【任务需求】

1. 计算机/手机。

2. 百度网站平台 https：//www.baidu.com/。

【任务实施】

1. 社群

在日常生活中，大家通常使用的群有微信群、QQ群等，选择常用的4个群，根据社群的分类法对这4个群进行分类，并在表5-4中填入相关内容。

表5-4　社群分类分析表

群名称	依托平台	社群分类

2. 社群营销

选择一个社群进行分析，分析这个社群的营销价值对你产生的影响，并完成表5-5的填写。

表5-5　社群营销价值分析表

社群名称	
营销价值分析	
对你的影响	

知识拓展

社群意识

社群意识是一个真正的社群成员共有的意识，是指成员对社群存有归属感与认同感，有着共同的喜好或信念。曾淑芬曾将互联网虚拟社群的社群意识概括为"参与感、归属感、团结感、包容感。"社群成员在社群的活动与互动中是安全的，感觉自己属于社群，能够感受到成员彼此之间及与团体之间的依赖关系，愿意与其他成员分享情感，并且接受社群的价值与象征。

项目评价

学生自评表

序号	知识点	达标要求	学生自评	
			达标	未达标
1	达人及达人营销	1. 能够说出什么是达人 2. 能够说出什么是达人营销		
2	达人及达人营销的重要性	1. 能够描述达人的重要性 2. 能够说出达人营销的重要性		
3	达人与KOL的区别	1. 能够说出什么是KOL 2. 能够辨别达人与KOL		
4	达人营销平台及达人营销现存的问题	1. 能够说出达人营销的几种平台 2. 能够描述达人营销平台的区别 3. 能够描述达人营销现存的问题		
5	STAR达人营销方法论	1. 能够说出什么是"STAR达人营销方法论" 2. 能够应用"STAR达人营销方法论"		
6	社群及社群营销	1. 能够说出什么是社群 2. 能够说出什么是社群营销		
7	社区与社群的区别、社群的要素、社群构建、社群的输出方式及引流方法	1. 能够区别社区与社群 2. 能够说出社群的要素 3. 能够描述社群的构建 4. 能够说出社群的输出方式 5. 能够描述社群的引流方法		
8	社群营销的特点、优势、方法、关键要素,并能分析社群营销的价值	1. 能够描述社群营销的特点 2. 能够说出社群营销的方法和关键要素 3. 能够分析社群营销的价值		

序号	技能点	达标要求	学生自评	
			达标	未达标
1	能够通过网络资料的收集、分析和整理找出达人与KOL的区别	1. 能够利用网络搜集需要的资料 2. 能够对收集的资料进行分析和整理 3. 能够正确找出达人与KOL的区别		
2	能够运用"STAR达人营销方法论"帮助品牌分析适合自身诉求的达人营销方法	1. 能够举例说明"STAR达人营销方法论" 2. 能够正确运用"STAR达人营销方法论"分析适合自身诉求的达人营销方法		
3	能够对日常生活中的社群进行分类	1. 能够区别社群的分类 2. 能够根据社群的种类对日常生活中的社群进行分类		
4	能够结合自身情况对社群营销的价值进行分析	1. 能够准确分析自身情况 2. 能够举例说明社群营销的价值 3. 能够结合自身情况对社群营销价值进行分析		

续表

序号	素质点	达标要求	学生自评	
			达标	未达标
1	敏锐的观察力	1. 具备敏锐的观察力 2. 善于搜集有用资讯和好的思路、想法		
2	信息素养和学习能力	1. 遇到问题，能够想到基于信息解决问题，至少找到一些解决问题的线索和思路 2. 学习能力强，能够主动学习新知识		
3	总结归纳能力	1. 具备较强的分析总结能力 2. 保持思维活跃度，善于思考 3. 逻辑思维能力强，善于分析数据资料等		
4	独立思考能力	1. 遇到问题能够做到独立思考与分析 2. 具有解决问题和创造新事物的意识		

教师评价表

序号	知识点	达标要求	教师评价	
			达标	未达标
1	达人及达人营销	1. 能够说出什么是达人 2. 能够说出什么是达人营销		
2	达人及达人营销的重要性	1. 能够描述达人的重要性 2. 能够说出达人营销的重要性		
3	达人与KOL的区别	1. 能够说出什么是KOL 2. 能够辨别达人与KOL		
4	达人营销平台及达人营销现存的问题	1. 能够说出达人营销的几种平台 2. 能够描述达人营销平台的区别 3. 能够描述达人营销现存的问题		
5	STAR达人营销方法论	1. 能够说出什么是"STAR达人营销方法论" 2. 能够应用"STAR达人营销方法论"		
6	社群及社群营销	1. 能够说出什么是社群 2. 能够说出什么是社群营销		
7	社区与社群的区别、社群的要素、社群构建、社群的输出方式及引流方法	1. 能够区别社区与社群 2. 能够说出社群的要素 3. 能够描述社群的构建 4. 能够说出社群的输出方式 5. 能够描述社群的引流方法		
8	社群营销的特点、优势、方法、关键要素，并能分析社群营销的价值	1. 能够描述社群营销的特点 2. 能够说出社群营销的方法和关键要素 3. 能够分析社群营销的价值		

续表

序号	技能点	达标要求	教师评价	
			达标	未达标
1	能够通过网络资料的收集、分析和整理找出达人与KOL的区别	1. 能够利用网络搜集需要的资料 2. 能够对收集的资料进行分析和整理 3. 能够正确找出达人与KOL的区别		
2	能够运用"STAR达人营销方法论"帮助品牌分析适合自身诉求的达人营销方法	1. 能够举例说明"STAR达人营销方法论" 2. 能够正确运用"STAR达人营销方法论"分析适合自身诉求的达人营销方法		
3	能够对日常生活中的社群进行分类	1. 能够区别社群的分类 2. 能够根据社群的种类对日常生活中的社群进行分类		
4	能够结合自身情况对社群营销的价值进行分析	1. 能够准确分析自身情况 2. 能够举例说明社群营销的价值 3. 能够结合自身情况对社群营销价值进行分析		

序号	素质点	达标要求	教师评价	
			达标	未达标
1	敏锐的观察力	1. 具备敏锐的观察力 2. 善于搜集有用资讯和好的思路、想法		
2	信息素养和学习能力	1. 遇到问题，能够想到基于信息解决问题，至少找到一些解决问题的线索和思路 2. 学习能力强，能够主动学习新知识		
3	总结归纳能力	1. 具备较强的分析总结能力 2. 保持思维活跃度，善于思考 3. 逻辑思维能力强，善于分析数据资料等		
4	独立思考能力	1. 遇到问题能够做到独立思考与分析 2. 具有解决问题和创造新事物的意识		

课后拓展

【拓展案例】

达人营销：品牌增长必选项

达人营销，不再是少数品牌的尝鲜可选项，只要跟品牌经营、生意增长相关，达人营销已然成为品牌必选项，甚至是决胜牌。一个"无达人，不营销"的时代正在到来。

2018年前，达人营销人员的重要工作之一是说服品牌投放达人，告诉品牌，相较网络红人，专注于某一领域、有着专业技能的达人是塑造品牌影响更好的选择。

2019年前，达人营销人员在用后台运营数据、前端展示数据及团队的专业分析，说服品牌不要只看达人的粉丝量级和内容的曝光、点击数据，除了头部流量达人，可以尝试专业垂类达人。

2020年前，达人营销人员给品牌提供关于达人的各种内外部数据、度量工具、优秀案例，以让品牌理解，除品牌、宣传、种草外，达人其实可以做得更多。

现如今，已经没有品牌会问"我为什么要做达人营销"，也没有品牌会问"达人能给我带来什么"，更没有品牌会说"我只想投千万粉达人"。达人，这个仅仅出现几年的营销角色，凭借着其对于内容与人的深刻理解与阐释，已经全方位渗透在传播、种草、电商、广告等多元营销场景甚至产业链路中。

想一想：谈谈你对"无达人，不营销"的理解。

思政园地

【思政案例】

浅谈社群营销的社交关系

自古以来，人本是群居的动物。

社群在今天看来，就是一群人的集合体。

社群营销，就是把志趣相同、价值观相同或性格相似的一群人，通过微信社群这个工具，将产品或服务满足其需求而展现出来的商业形态。社群营销的载体可以是微信但不局限于微信，各种论坛、微博、QQ群甚至线下的沙龙会等，都可以称为社群营销。

社群时代给了我们轻松获取人脉资源的方法、拓展交际圈的方式，却未必能给我们增加亲密真诚以待的社交能力，可以说是促进了我们的社交天性，却未能磨平人与人之间的那堵保守的心墙。这种普遍的社交感来自社交的质量而非数量，来自沟通的深度而不是频率。所以，我们要跟随时代先进的技术，有质量地提升自己的人际关系，而不是变得越来越浮躁和肤浅。

请针对上面的案例思考下面问题：

社群营销是基于圈子、人脉而产生的营销模式，为什么它促进了我们的社交天性，却不能增加真诚以待的社交能力？

参考文献

[1] 肖凭. 新媒体营销实务 [M]. 2版. 北京：中国人民大学出版社，2021.
[2] 崔怡文，赵苗. 视频编辑与制作：短视频 商品视频 直播视频（视频指导版）[M]. 北京：人民邮电出版社，2022.
[3] 赵慧群. 短视频编辑与制作（全彩版）[M]. 上海：同济大学出版社，2019.
[4] 赵雨，刘敏. 社群营销（微课版）[M]. 北京：人民邮电出版社，2020.